LAROUSSE
Cuisine & Cie

Petits plats PRÊTS À L'AVANCE

Édition originale
Cet ouvrage a été publié pour la première fois en 2012
sous le titre *Good Food 101 Make-Ahead Meals*
par BBC Books, une marque de Ebury Publishing,
un département de The Random House Group Ltd.

Toutes les recettes de ce livre ont été publiées
pour la première fois dans BBC Good Food magazine.

Édition française
Direction éditoriale Delphine BLÉTRY
Édition Julie TALLET
Traduction Hélène NICOLAS
Direction artistique Emmanuel CHASPOUL
Réalisation Belle Page, Boulogne
Couverture Véronique LAPORTE
Fabrication Annie BOTREL

ISBN : 978-2-03-588949-2
ISSN : 2100-3343

Petits plats PRÊTS À L'AVANCE

Barney Desmazery

LAROUSSE

21 rue du Montparnasse 75283 Paris Cedex 06

Sommaire

Introduction

Vous souhaitez recevoir vos invités sans stresser ou savourer de délicieux dîners faits maison les jours où vous n'avez pas le temps de cuisiner? La solution consiste à préparer vos plats à l'avance.

Cuisiner à l'avance, en grandes quantités ou non, permet de faire des économies et de déguster des plats faits maison quand vous n'avez pas le temps ou l'envie de vous mettre derrière les fourneaux. C'est aussi l'assurance de vous nourrir de façon plus équilibrée qu'en réchauffant un plat acheté dans le commerce.

Ce livre regroupe des recettes variées, très simples ou plus élaborées, parfaites pour recevoir; elles peuvent toutes être préparées à l'avance et cuites ou réchauffées juste avant de servir.

Le chapitre «Recettes spécial congélation» propose des recettes toutes destinées à votre congélateur. Les recettes des autres chapitres susceptibles d'être congelées sont de toute façon signalées par une étoile et sont accompagnées d'instructions concernant leur mode et leur durée de conservation.

Toutes les recettes présentées dans ce livre (ainsi que les instructions concernant leur congélation) ont été testées trois fois par des experts afin de vous garantir un excellent résultat dès le premier essai. Préparez selon vos envies ces plats succulents, pour vous régaler et gagner du temps dans les jours ou les mois à venir!

À propos des recettes

- Lavez tous les produits frais avant préparation.

- On trouve dans le commerce des petits œufs (de moins de 45 g), des œufs moyens (de 45 à 55 g), des gros œufs (de 55 à 65 g) et des extra-gros (de plus de 65 g). Sauf indication contraire, les œufs utilisés pour les recettes sont de calibre moyen.

- Sauf indication contraire, les cuillerées sont rases.
  1 cuillerée à café = 0,5 cl
  1 cuillerée à soupe = 1,5 cl

- Toutes les recettes réalisées avec des légumes en conserve peuvent, bien sûr, se cuisiner avec des légumes frais, et inversement. De la même manière, il est possible d'utiliser des cubes pour les bouillons de légumes ou de volaille ou de les préparer vous-même, si vous en avez le temps.

- Ce pictogramme indique les recettes qui se prêtent particulièrement bien à la congélation. Sauf indication contraire, ces plats se conservent jusqu'à 3 mois au congélateur. Décongelez-les complètement et faites-les bien cuire avant de les servir.

TABLEAU INDICATIF DE CUISSON

THERMOSTAT	TEMPÉRATURE
1	30 °C
2	60 °C
3	90 °C
4	120 °C
5	150 °C
6	180 °C
7	210 °C
8	240 °C
9	270 °C
10	300 °C

Ces indications sont valables pour un four électrique traditionnel.
Pour les autres fours, reportez-vous à la notice du fabricant.

TABLEAUX DES ÉQUIVALENCES FRANCE – CANADA

POIDS

55 g	2 onces
100 g	3,5 onces
150 g	5 onces
200 g	7 onces
250 g	9 onces
300 g	11 onces
500 g	18 onces
750 g	27 onces
1 kg	36 onces

Ces équivalences permettent de calculer le poids à quelques grammes près (en réalité, 1 once = 28 g).

CAPACITÉS

25 cl	9 onces
50 cl	17 onces
75 cl	26 onces
1 l	35 onces

Pour faciliter la mesure des capacités,
25 cl équivalent ici à 9 onces (en réalité, 23 cl = 8 onces = 1 tasse).

Le haddock est en réalité de l'églefin qui a été vidé, étêté et fendu en deux avant d'être fumé à basse température.

Soupe de maïs, haddock et pommes de terre

Pour 4 personnes
Préparation et cuisson : 35 min

- 1 oignon
- 8 tranches de bacon fumé
- 25 g de beurre
- 3 pommes de terre
- 1 l de bouillon de légumes
- 2 épis de maïs
- 500 g de haddock fumé sans la peau
- 5 cuill. à soupe de crème fraîche épaisse
- sel et poivre du moulin

POUR SERVIR

- 1 petit bouquet de persil haché
- pain

1 Pelez l'oignon et hachez-le avec le bacon. Dans une casserole, mettez le beurre à fondre, puis laissez frire l'oignon et le bacon 5 minutes. Pendant ce temps, coupez les pommes de terre en dés. Ajoutez-les dans la casserole et prolongez la cuisson de 2 minutes. Arrosez de bouillon de légumes, puis faites mijoter 8 minutes.

2 Prélevez les grains des épis de maïs et détaillez le haddock en dés de 3 cm de côté. Ajoutez le tout dans la casserole, puis laissez cuire 3 minutes. Incorporez la crème fraîche à la préparation et poivrez. Goûtez, puis salez selon votre goût. Cette soupe peut se conserver 2 jours au réfrigérateur ou 1 mois au congélateur.

3 Si la préparation est congelée, laissez-la entièrement décongeler au réfrigérateur. Mettez-la à chauffer à feu doux dans une casserole. Lorsque la soupe est chaude, parsemez-la de persil, puis servez-la avec du pain.

• Par portion : 484 Calories – Protéines : 35 g – Glucides : 27 g – Lipides : 27 g (dont 13 g de graisses saturées) – Fibres : 4 g – Sel : 4,4 g – Sucres ajoutés : 6 g.

Si vous voulez aller plus vite, achetez des betteraves emballées sous-vide et déjà cuites.

Houmous de betterave

Pour 8 personnes
Préparation : 50 min à 1 h

- 500 g de betteraves crues
- 800 g de pois chiches en conserve
- 2 citrons
- 1 cuill. à soupe de cumin en poudre
- 2 cuill. à café de sel
- poivre du moulin

POUR SERVIR

- yaourt
- graines de cumin grillées
- feuilles de menthe
- pain

1 Coupez les feuilles des betteraves à 2,5 cm de leur base, puis jetez-les. Faites cuire les betteraves dans une grande casserole d'eau bouillante à couvert de 30 à 40 minutes. Égouttez-les et laissez-les refroidir.

2 Enfilez des gants en caoutchouc, puis épluchez les betteraves. Jetez les racines, les feuilles, les tiges et la peau. Hachez grossièrement la chair. Égouttez les pois chiches et pressez les citrons. Versez le jus de citron dans le bol d'un robot, puis ajoutez les pois chiches, les betteraves, le cumin, le sel, du poivre et mixez le tout. Ce houmous peut se conserver 3 jours au réfrigérateur ou 1 mois au congélateur.

3 Si la préparation est congelée, laissez-la entièrement décongeler au réfrigérateur. Servez avec une pointe de yaourt, des graines de cumin grillées, quelques feuilles de menthe et du pain.

• Par portion : 90 Calories – Protéines : 6 g – Glucides : 15 g – Lipides : 1 g (pas de graisses saturées) – Fibres : 4 g – Sel : 1,69 g – Sucres ajoutés : 5 g.

Pour éviter que le guacamole ne noircisse, veillez à bien l'arroser de jus de citron vert.

Guacamole

Pour 8 personnes
Préparation : 15 min

- 1 grosse tomate mûre
- 3 avocats très mûrs
- 1 piment rouge ou vert
- 1 petit oignon rouge
- 1 poignée de coriandre
- 2 citrons verts
- sel et poivre du moulin

POUR SERVIR
- quelques feuilles de coriandre
- tortillas (chips)

1 Posez la tomate sur une planche à découper, puis réduisez-la en pulpe à l'aide d'un grand couteau et transférez-la dans un saladier. Coupez les avocats en deux. Retirez les noyaux, puis prélevez la chair à l'aide d'une cuillère et ajoutez-la dans le saladier. Réservez un des noyaux.

2 Épépinez le piment et pelez l'oignon, puis hachez-les avec la coriandre. Ajoutez l'ensemble dans le saladier. Pressez les citrons verts, puis arrosez la préparation de la moitié du jus. Assaisonnez et mélangez le tout. Si vous préparez le guacamole à l'avance, lissez sa surface à l'aide du dos d'une cuillère. Arrosez-le du reste du jus de citron vert, puis enfoncez un noyau d'avocat dedans pour empêcher la préparation de noircir. Couvrez de film alimentaire et réservez au frais jusqu'au moment de servir. Ce guacamole se conserve 24 heures au réfrigérateur.

3 Au moment de servir, remuez soigneusement la préparation. Parsemez de feuilles de coriandre et servez avec des chips de tortillas.

• Par portion : 103 Calories – Protéines : 1 g – Glucides : 2 g – Lipides : 10 g (dont 1 g de graisses saturées) – Fibres : 2 g – Sel : 0,01 g – Sucres ajoutés : 0 g.

Pour une recette plus économique, utilisez des chutes de saumon fumé au lieu de tranches.

Tarama au saumon fumé

Pour 4 personnes
Préparation : 10 min

- 1 citron
- 100 g de saumon fumé
- 200 g de fromage frais allégé
- 10 cl de crème fraîche
- poivre concassé

POUR SERVIR

- 1 filet d'huile d'olive
- pain pita grillé
- olives noires

1 Pressez le citron. Dans le bol d'un robot, réunissez le saumon, le fromage, la crème fraîche et le jus de citron. Mixez jusqu'à l'obtention d'un mélange homogène.

2 Transvasez le tarama dans un grand saladier, puis poivrez la préparation. Couvrez de film alimentaire et réservez jusqu'à 3 jours au réfrigérateur.

3 Au moment de servir, arrosez le tarama d'huile d'olive. Servez avec du pain pita grillé et des olives noires.

• Par portion : 203 Calories – Protéines : 14 g – Glucides : 2 g – Lipides : 15 g (dont 10 g de graisses saturées) – Pas de fibres – Sel : 1,80 g – Sucres ajoutés : 2 g.

Pour préparer ce taboulé, utilisez de la semoule moyenne plutôt que de la semoule fine.

Taboulé express

Pour 2 personnes
Préparation et cuisson : 15 min

- 100 g de semoule de couscous
- 20 cl de bouillon de légumes
- 1 poivron rouge
- 2 oignons nouveaux
- 1/2 concombre
- 2 cuill. à soupe de pesto
- 50 g de feta

POUR SERVIR

- 2 cuill. à soupe de pignons de pin grillés

1 Dans une casserole, portez le bouillon de légumes à ébullition. Versez la semoule dans un saladier, puis arrosez-la du bouillon de légumes. Couvrez, puis laissez gonfler 10 minutes, jusqu'à ce que tout le bouillon soit absorbé.

2 Pendant ce temps, épépinez le poivron. Tranchez-le avec les oignons, puis détaillez le demi-concombre en dés. Ajoutez le tout dans le saladier avec le pesto et mélangez avec soin à l'aide d'une fourchette. Coupez la feta en dés, puis incorporez-les à la préparation. Ce taboulé se conserve 2 jours au réfrigérateur.

3 Au moment de servir, parsemez le taboulé de pignons de pin grillés.

• Par portion : 327 Calories – Protéines : 13 g – Glucides : 33 g – Lipides : 17 g (dont 5 g de graisses saturées) – Fibres : 2 g – Sel : 0,88 g – Sucres ajoutés : 7 g.

Le riz complet contient davantage de vitamine B, de phosphore et d'amidon que le riz blanc.

Salade de riz complet au saumon

Pour 3 ou 4 personnes
Préparation et cuisson : 25 min

- 200 g de riz complet
- 200 g de graines de soja surgelées décongelées
- 2 filets de saumon
- 1 concombre
- 1 petite botte d'oignons nouveaux
- 1 petit bouquet de coriandre

POUR LA SAUCE

- 1 citron vert non traité
- 1 piment rouge
- 4 cuill. à café de sauce soja légère

1 Faites cuire le riz 12 minutes dans une casserole d'eau bouillante salée. Ajoutez les graines de soja 3 minutes avant la fin du temps de cuisson. Égouttez, puis rafraîchissez le tout sous l'eau froide.

2 Pendant ce temps, mettez le saumon dans une assiette et faites-le cuire au four à micro-ondes réglé à puissance maximale pendant 3 minutes. Laissez légèrement refroidir le poisson. Retirez la peau, puis émiettez la chair à l'aide d'une fourchette.

3 Coupez le concombre en dés. Tranchez les oignons, puis hachez grossièrement la coriandre. Dans un saladier, mélangez le tout avec le saumon, le riz et les graines de soja.

4 Préparez la sauce. Râpez le zeste du citron vert et pressez le fruit. Épépinez le piment, si vous le souhaitez, puis détaillez-le en dés et mettez-les dans un bol avec la sauce soja, le zeste et le jus du citron vert. Remuez et versez la sauce sur la salade. Elle se conserve 2 jours au réfrigérateur. Remuez-la de nouveau juste avant de servir.

• Par portion (pour 3 personnes) : 497 Calories – Protéines : 34 g – Glucides : 61 g – Lipides : 15 g (dont 3 g de graisses saturées) – Fibres : 5 g – Sel : 1,42 g – Sucres ajoutés : 6 g.

La coriandre, également appelée persil chinois, était déjà utilisée sous forme de graines par les Romains pour conserver la viande.

Salade de poulet asiatique

Pour 2 personnes
Préparation et cuisson : 20 min

- 1 blanc de poulet sans la peau
- 1 poignée de coriandre
- 1/2 piment
- 1/4 d'oignon rouge
- 1/4 de concombre
- 100 g de salades mélangées

POUR LA SAUCE

- 1 citron vert non traité
- 1 cuill. à soupe de sauce nam-pla ou nuoc-mâm (à base de poisson)
- 1 cuill. à café de sucre en poudre

1 Mettez le poulet dans une casserole. Couvrez-le d'eau froide, puis portez l'eau à ébullition et faites cuire 10 minutes. Retirez le poulet de la casserole. Laissez-le refroidir, puis détaillez-le en lamelles.

2 Préparez la sauce. Prélevez le zeste du citron vert et détaillez-le en fines lamelles, puis pressez la moitié du fruit. Dans un bol, réunissez les zestes et le jus de citron avec tous les ingrédients. Remuez jusqu'à ce que le sucre soit dissous.

3 Hachez grossièrement la coriandre. Épépinez le demi-piment, puis émincez-le avec le quart d'oignon. Coupez le quart de concombre en deux dans le sens de la longueur et tranchez chaque moitié. Tapissez un récipient hermétique de salade et de coriandre. Ajoutez le poulet, le piment, l'oignon et le concombre, puis fermez le récipient. Cette salade se conserve 1 nuit entière au réfrigérateur dans une boîte hermétique. Nappez-la de sauce au moment de servir.

• Par portion : 109 Calories – Protéines : 19 g – Glucides : 6 g – Lipides : 1 g (pas de graisses saturées) – Fibres : 1 g – Sel : 1,6 g – Sucres ajoutés : 5 g.

Très nutritives, les graines de soja sont vendues dans les magasins d'alimentation diététique.

Pommes de terre au thon et aux légumes verts

Pour 4 personnes
Préparation et cuisson : 25 min

- 300 g de pommes de terre nouvelles
- 175 g de haricots verts
- 175 g de graines de soja surgelées (ou de fèves)
- 160 g de thon en conserve
- 1 bonne poignée de roquette ou de cresson
- sel et poivre du moulin

POUR LA VINAIGRETTE
- 2 cuill. à café de harissa
- 1 cuill. à soupe de vinaigre de vin rouge
- 2 cuill. à soupe d'huile d'olive

1 Coupez les pommes de terre en deux, mettez-les dans une casserole d'eau froide, puis portez à ébullition et laissez cuire de 6 à 8 minutes. Ajoutez les haricots et les graines de soja dans la casserole, puis prolongez la cuisson de 5 minutes.

2 Préparez la vinaigrette : dans un saladier, réunissez la harissa, le vinaigre, 1 pincée de sel et de poivre, puis incorporez l'huile au mélange à l'aide d'un fouet.

3 Égouttez les pommes de terre, les haricots et les graines de soja, puis mettez-les dans un saladier. Arrosez de la moitié de la vinaigrette, remuez et laissez refroidir. Émiettez le thon au-dessus de la salade, arrosez du reste de la vinaigrette, puis remuez délicatement. Cette salade se conserve 2 jours au réfrigérateur dans une boîte hermétique. Au moment de servir, répartissez la salade dans quatre assiettes creuses. Ajoutez quelques feuilles de roquette dans chaque assiette et servez.

• Par portion : 211 Calories – Protéines : 15 g – Glucides : 19 g – Lipides : 9 g (dont 1 g de graisses saturées) – Fibres : 4 g – Sel : 0,14 g – Sucres ajoutés : 2 g.

Le coleslaw est une salade de chou cru. Le chou blanc apporte de nombreux nutriments, dont l'acide folique, la vitamine C et la vitamine B6.

Coleslaw au fromage et à la ciboulette

Pour 4 à 6 personnes
Préparation : 15 min

- 400 g de chou blanc
- 1 carotte
- 1 oignon rouge
- 3 cuill. à soupe de mayonnaise
- 3 cuill. à soupe de yaourt nature allégé
- 1 cuill. à café de moutarde de Dijon
- 15 g de ciboulette ciselée
- sel et poivre du moulin

POUR SERVIR

- 5 g de ciboulette ciselée
- 100 g de cheddar vieux allégé râpé

1 Coupez le chou en quatre. Jetez le cœur, puis émincez les feuilles et mettez-les dans un saladier. Râpez grossièrement la carotte au-dessus du saladier. Pelez l'oignon et coupez-le en deux, puis émincez-le et mélangez-le au chou et à la carotte avec la mayonnaise, le yaourt, la moutarde et la ciboulette.

2 Remuez en veillant à ce que tous les ingrédients soient enduits de sauce. Assaisonnez. Ce coleslaw se conserve 3 jours au réfrigérateur. Au moment de servir, parsemez-le de ciboulette et de cheddar râpé.

• Par portion (pour 4 personnes) : 192 Calories – Protéines : 11 g – Glucides : 8 g – Lipides : 13 g (dont 4 g de graisses saturées) – Fibres : 3 g – Sel : 0,74 g – Sucres ajoutés : 8 g.

À la place du saumon, vous pouvez aussi garnir la salade de salami, de jambon ou de blanc de poulet.

Salade de pâtes aux petits pois et au saumon

Pour 4 personnes
Préparation et cuisson : 15 min

- 250 g de farfalle
- 140 g de petits pois surgelés
- 1 citron non traité
- 30 g de persil
- 20 g de ciboulette
- 2 cuill. à soupe d'huile d'olive
- sel et poivre du moulin

POUR GARNIR
- 1 pavé de saumon déjà cuit

1 Faites cuire les pâtes dans une grande casserole d'eau bouillante salée. Ajoutez les petits pois 2 minutes avant la fin du temps de cuisson. Égouttez le tout, puis passez les pâtes et les petits pois sous l'eau froide. Égouttez-les de nouveau. Râpez le zeste du citron et pressez le fruit. Hachez le persil et la ciboulette, puis mettez-les dans un saladier avec les pâtes, les petits pois, l'huile d'olive, le zeste et le jus de citron. Assaisonnez généreusement et remuez le tout. Couvrez et réservez jusqu'à 3 jours au réfrigérateur.

2 Au moment de servir, prélevez la quantité de salade voulue, coupez le saumon en gros morceaux et incorporez-les délicatement à la préparation.

• Par portion : 292 Calories – Protéines : 10 g – Glucides : 51 g – Lipides : 7 g (dont 1 g de graisses saturées) – Fibres : 4 g – Sel : 0,02 g – Sucres ajoutés : 3 g.

Pas de chapelure pour ce poulet pané : la noix de coco et le zeste de citron vert la remplacent avantageusement pour cette version exotique.

Poulet pané à la noix de coco

Pour 4 personnes

Préparation et cuisson : 40 min

- 2 citrons verts non traités
- 8 cuisses de poulet désossées sans la peau
- 2 cuill. à café de curry en poudre ou de *garam masala* (mélange d'épices indien)
- 1 cuill. à café de piment en poudre (facultatif)
- 50 g de noix de coco râpée
- 1 cuill. à soupe d'huile végétale
- sel et poivre du moulin

POUR SERVIR

- chutney de mangue
- quartiers de citron vert
- riz ou salade verte

1 Préchauffez le four à 180 °C (therm. 6). Râpez le zeste des citrons verts et pressez les fruits. Dans un saladier, réunissez le poulet, le zeste et le jus de citron vert, le curry, le piment si vous en utilisez, du sel et du poivre. Remuez, puis incorporez la noix de coco.

2 Placez une grille dans un plat à rôtir. Disposez les blancs de poulet sur la grille. Arrosez-les d'huile, puis enfournez pour 25 minutes.

3 Servez chaud avec du chutney, du riz et des quartiers de citron vert ou laissez refroidir et servez éventuellement avec une salade verte. Une fois cuits, les morceaux de poulet peuvent se conserver 2 jours au réfrigérateur.

• Par portion : 316 Calories – Protéines : 41 g – Glucides : 2 g – Lipides : 16 g (dont 9 g de graisses saturées) – Fibres : 2 g – Sel : 0,49 g – Sucres ajoutés : 1 g.

Cette recette permet de confectionner 12 gros samoussas, mais vous pouvez aussi en faire de plus petits.

Samoussas à la feta et au maïs

Pour 12 gros samoussas
Préparation et cuisson : 1 h à 1 h 15

- 6 feuilles de pâte filo
- 3 cuill. à soupe d'huile végétale
- 2 cuill. à soupe de fécule de maïs
- eau

POUR LA GARNITURE
- 350 g de maïs surgelé
- 1 gros oignon rouge
- 2 cuill. à soupe d'huile végétale
- 2 cuill. à café de graines de cumin
- 1 citron vert
- 2 cuill. à café de *garam masala* (mélange d'épices indien)
- 200 g de feta

1 Préparez la garniture. Faites cuire le maïs 3 minutes dans une casserole d'eau bouillante. Égouttez-le. Pelez et hachez l'oignon. Mettez l'huile à chauffer dans un wok. Faites sauter les graines de cumin 30 secondes, puis ajoutez l'oignon et laissez-le cuire jusqu'à ce qu'il soit translucide. Pressez le citron vert. Incorporez le maïs, le garam masala, la feta et le jus de citron vert à la préparation. Laissez cuire 1 minute, puis réservez.

2 Étalez 1 feuille de pâte filo. Coupez-la en deux dans la longueur et huilez les deux moitiés. Déposez 2 cuillerées à soupe de garniture sur l'une des extrémités de chaque bande, puis pliez les bandes en formant un triangle. Répétez l'opération avec le reste des feuilles de pâte et de la garniture. Dans un bol, délayez la fécule de maïs avec un peu d'eau, puis badigeonnez-en l'extrémité des bandes de pâte pour fermer les triangles. À cette étape, vous pouvez congeler les samoussas.

3 Préchauffez le four à 180 °C (therm. 6). Placez les samoussas sur une plaque de cuisson. Badigeonnez-les d'huile, puis enfournez pour 15 minutes, ou 30 minutes s'ils sont congelés.

• Par portion : 131 Calories – Protéines : 4 g – Glucides : 12 g – Lipides : 8 g (dont 3 g de graisses saturées) – Fibres : 1 g – Sel : 0,60 g – Sucres ajoutés : 2 g.

Cette recette, composée de féculents, de protéines et de légumes verts est un véritable plat complet.

Tortilla aux épinards

Pour 8 personnes
Préparation et cuisson : 30 min

- 400 g d'épinards
- 1 gros oignon
- 2 grosses pommes de terre
- 3 cuill. à soupe d'huile d'olive
- 10 œufs
- sel et poivre du moulin

1 Portez de l'eau à ébullition dans une bouilloire. Mettez les épinards dans une grande passoire, puis arrosez-les lentement d'eau bouillante jusqu'à ce qu'ils aient fondu. Rafraîchissez-les sous l'eau froide et pressez-les pour éliminer le maximum d'eau.

2 Pelez l'oignon et les pommes de terre, puis émincez-les. Mettez l'huile à chauffer dans une poêle antiadhésive. Faites revenir l'oignon et les pommes de terre 10 minutes à feu doux.

3 Pendant ce temps, dans un saladier, battez les œufs, puis assaisonnez-les. Incorporez les épinards au contenu de la poêle. Versez les œufs battus sur la préparation et laissez cuire en remuant régulièrement, jusqu'à ce que la tortilla soit presque ferme.

4 Retournez la tortilla dans une assiette, puis remettez-la dans la poêle. Quand le dessous est cuit, retournez-la sur une planche à découper et laissez refroidir. Cette tortilla peut se conserver 1 nuit entière à température ambiante ou 2 jours au réfrigérateur. Coupez-la en quartiers et servez-les froids ou réchauffez-les au four à micro-ondes.

• Par portion : 209 Calories – Protéines : 12 g – Glucides : 11 g – Lipides : 13 g (dont 3 g de graisses saturées) – Fibres : 2 g – Sel : 0,46 g – Sucres ajoutés : 2 g.

Le maquereau est un poisson moins gras que le saumon. Il se prête à de nombreuses préparations selon la façon dont il est conservé.

Salade de semoule au maquereau et à l'orange

Pour 4 personnes
Préparation et cuisson : 20 min

- 200 g de semoule de couscous
- 25 cl d'eau
- 2 oranges
- 1 oignon rouge
- 240 g de filets de maquereau fumé au poivre
- 100 g de cresson

POUR LA VINAIGRETTE
- 1 orange
- 3 cuill. à soupe de vinaigre de vin rouge
- 1 cuill. à café de sucre en poudre
- 3 cuill. à soupe d'huile d'olive
- sel et poivre du moulin

1 Mettez la semoule dans un saladier. Portez l'eau à ébullition, puis versez-la sur la semoule. Couvrez et laissez gonfler 10 minutes. Égrainez la semoule à l'aide d'une fourchette.

2 Préparez la vinaigrette : pressez l'orange, puis mélangez le jus au reste des ingrédients dans un bol.

3 Pelez les oranges et l'oignon. Détaillez les oranges en tranches fines. Coupez les tranches en quartiers. Hachez l'oignon. Coupez les filets de maquereau en gros morceaux et incorporez le tout à la semoule. La salade se conserve 2 jours au réfrigérateur dans une boîte hermétique. Juste avant de servir, hachez grossièrement le cresson et incorporez-le à la salade.

• Par portion : 456 Calories – Protéines : 16 g – Glucides : 38 g – Lipides : 27 g (dont 5 g de graisses saturées) – Fibres : 2 g – Sel : 1,17 g – Sucres ajoutés : 12 g.

Laissez-vous tenter par ces muffins à la carotte qui se prêtent très bien à la congélation.

Mini-muffins à la carotte

❄ **Pour 18 mini-muffins**
Préparation et cuisson : 25 min

- 100 g de farine
- 1/2 cuill. à café de levure
- 1/2 cuill. à café de quatre-épices (ou cannelle, poivre, muscade, clous de girofle à parts égales)
- 100 g de sucre blond en poudre
- 1 œuf
- 1 carotte
- 5 cuill. à soupe d'huile de tournesol
- 3 cuill. à soupe de lait écrémé

1 Préchauffez le four à 170 °C (therm. 5-6). Disposez 18 caissettes en papier dans les alvéoles d'un moule à mini-muffins. Dans un saladier, réunissez la farine, la levure, le quatre-épices et le sucre. Battez légèrement l'œuf dans un bol. Pelez la carotte, puis râpez-la. Ajoutez l'huile, le lait, l'œuf battu et la carotte râpée dans le saladier. Mélangez le tout.

2 Déposez 1 cuillerée à café bombée de pâte dans chaque caissette en papier, puis enfournez pour 12 minutes. Laissez refroidir. Ces mini-muffins se conservent 5 jours dans une boîte hermétique ou 3 mois au congélateur.

• Par portion : 82 Calories – Protéines : 1 g – Glucides : 11 g – Lipides : 4 g (dont 2 g de graisses saturées) – Pas de fibres – Sel : 0,07 g – Sucres ajoutés : 7 g.

Si vous souhaitez congeler ces feuilletés, faites-le à la fin de l'étape 3 après les avoir emballés dans du film alimentaire. Laissez-les décongeler complètement avant de les enfourner.

Feuilletés aux épinards

❄ Pour 8 feuilletés
Préparation et cuisson : 1 h 10

- 1 petite pomme de terre
- 200 g d'épinards
- 2 œufs
- 15 cl de crème fraîche liquide
- 100 g de cheddar râpé
- noix de muscade râpée
- sel et poivre du moulin

POUR LA PÂTE

- 85 g de beurre froid
- 140 g de farine complète
- 140 g de farine blanche
- 85 g de graisse végétale
- 10 cl de lait

1 Préparez la pâte. Coupez le beurre en dés. Dans un saladier, malaxez-les avec les deux farines et la graisse végétale. Incorporez le lait, puis pétrissez la pâte et formez une boule. Aplatissez-la et réservez-la au réfrigérateur.

2 Faites cuire la pomme de terre dans de l'eau bouillante, puis égouttez-la. Dans une passoire, arrosez les épinards d'eau bouillante puis pressez-les. Dans un saladier, battez 1 œuf. Ajoutez les épinards, la pomme de terre, la crème fraîche et les deux tiers du cheddar râpé. Assaisonnez de noix de muscade. Salez et poivrez, puis réservez.

3 Préchauffez le four à 180 °C (therm. 6). Farinez le plan de travail. Étalez la pâte et coupez 8 carrés de 13 cm de côté. Répartissez la garniture sur les carrés. Dans un bol, battez l'œuf restant. Badigeonnez-en les bords des carrés, puis rabattez les pointes et pressez les bords pour les souder.

4 Disposez les feuilletés sur une plaque de cuisson. Badigeonnez-les d'œuf battu et parsemez-les du reste du cheddar. Enfournez pour 30 minutes, puis laissez refroidir.

• Par portion : 421 Calories – Protéines : 11 g – Glucides : 31 g – Lipides : 31 g (dont 11 g de graisses saturées) – Fibres : 3 g – Sel : 0,57 g – Sucres ajoutés : 2 g.

L'enchilada, d'origine mexicaine, est traditionnellement composée d'une tortilla de maïs garnie de bœuf ou de poulet, de haricots rouges ou noirs et de fromage, le tout arrosé d'une sauce relevée.

Enchiladas au poulet et aux haricots

Pour 4 personnes

Préparation et cuisson : 40 à 45 min

- 1 cuill. à soupe d'huile végétale
- 1 oignon rouge
- 1 gousse d'ail
- 2 cuisses de poulet désossées
- 195 g de maïs en conserve
- 1 cuill. à soupe de mélange d'épices pour fajitas
- 800 g de haricots rouges
- 8 tortillas de blé
- 140 g de cheddar râpé

1 Mettez l'huile à chauffer dans une poêle. Pelez l'oignon et l'ail, puis hachez-les et faites-les revenir 5 minutes dans l'huile. Pendant ce temps, détaillez la chair du poulet en petits morceaux. Égouttez le maïs. Ajoutez les épices pour fajitas dans la poêle, puis prolongez la cuisson de 1 minute. Mettez le poulet, les haricots et le maïs dans la poêle. Remuez le tout.

2 Préchauffez le four à 160 °C (therm. 5-6). Répartissez le contenu de la poêle sur les tortillas, puis parsemez de la moitié du cheddar râpé. Roulez les tortillas et disposez-les dans un plat allant au four. Parsemez du reste du cheddar. Si vous le souhaitez, couvrez et réservez 1 nuit au réfrigérateur. Enfournez, puis laissez cuire de 20 à 25 minutes.

• Par portion : 842 Calories – Protéines : 46 g – Glucides : 88 g – Lipides : 36 g (dont 14 g de graisses saturées) – Fibres : 11 g – Sel : 4,52 g – Sucres ajoutés : 16 g.

Ces tartelettes sont très pratiques car elles peuvent être enfournées alors qu'elles sont encore congelées.

Tartelettes au poireau et au fromage de chèvre

❄ Pour 4 personnes
Préparation et cuisson : 1 h à 1 h 10

- 4 poireaux
- 1 grosse noix de beurre
- 2 cuill. à soupe de feuilles de thym
- 375 g de pâte feuilletée
- 4 tranches de bûche de chèvre (avec la croûte)
- sel et poivre du moulin

POUR SERVIR
- 8 brins de thym

1 Émincez les poireaux et mettez-les dans une passoire. Lavez-les sous l'eau courante. Dans une casserole, laissez fondre le beurre, puis ajoutez les poireaux humides, les feuilles de thym, du sel et du poivre. Faites suer les poireaux à feu doux de 20 à 25 minutes. Si nécessaire, ajoutez un peu de beurre. Laissez refroidir.

2 Étalez la pâte feuilletée sur 3 mm d'épaisseur. Coupez quatre cercles dedans à l'aide d'une soucoupe, puis disposez-les sur une plaque de cuisson. Répartissez les poireaux sur les cercles de pâte sans aller jusqu'au bord. Déposez 1 tranche de chèvre au centre de chaque tartelette, puis couvrez de 2 brins de thym. Redressez légèrement les bords de la pâte pour retenir les poireaux. À ce stade, les tartelettes peuvent être couvertes et conservées 2 jours au réfrigérateur ou 1 mois au congélateur.

3 Préchauffez le four à 200 °C (therm. 6-7). Disposez les tartelettes sur une plaque de cuisson, puis enfournez-les pour 25 minutes, ou 35 minutes si elles sortent du congélateur.

• Par portion : 606 Calories – Protéines : 18 g – Glucides : 32 g – Lipides : 46 g (dont 24 g de graisses saturées) – Fibres : 4 g – Sel : 1,82 g – Sucres ajoutés : 4 g.

Choisissez des aubergines plutôt longues que larges : elles conserveront mieux leur forme à la cuisson.

Aubergines farcies à l'italienne

Pour 4 personnes
Préparation et cuisson : 1 h 05 à 1 h 10

- 2 aubergines
- 2 cuill. à soupe d'huile d'olive
- 1 gros oignon
- 4 gousses d'ail
- 50 g d'olives vertes dénoyautées
- 1 poignée de feuilles de basilic
- 12 tomates cerises
- 125 g de mozzarella
- 1 poignée de chapelure de pain blanc
- sel et poivre du moulin

1 Préchauffez le four à 200 °C (therm. 6-7). Coupez les aubergines en deux dans la longueur. Évidez-les à l'aide d'une petite cuillère. Réservez leur chair. Huilez l'intérieur des demi-aubergines. Assaisonnez-les et placez-les dans un plat allant au four. Couvrez, puis enfournez pour 20 minutes.

2 Pelez l'oignon et l'ail, puis écrasez-les. Hachez la chair des aubergines, les olives et le basilic. Coupez les tomates cerises en deux et détaillez la mozzarella en gros morceaux. Versez le reste de l'huile dans une poêle antiadhésive, puis faites revenir l'oignon. Ajoutez la chair des aubergines et prolongez la cuisson jusqu'à ce qu'elle soit bien cuite. Incorporez l'ail et les tomates cerises, puis laissez cuire 3 minutes. Intégrez les olives, le basilic, la mozzarella, du sel et du poivre.

3 Sortez les demi-aubergines du four, puis remplissez-les de farce. À cette étape, elles peuvent se conserver 2 jours au réfrigérateur.

4 Préchauffez le four à 180 °C (therm. 6). Parsemez les aubergines farcies de chapelure, puis arrosez-les d'un filet d'huile. Enfournez et laissez cuire de 20 à 25 minutes.

• Par portion : 266 Calories – Protéines : 9 g – Glucides : 14 g – Lipides : 20 g (dont 6 g de graisses saturées) – Fibres : 5 g – Sel : 1,17 g – Sucres ajoutés : 7 g.

Cette recette est plus légère, plus rapide à préparer et plus diététique que le hachis Parmentier classique.

Hachis Parmentier à la dinde et au poivron

Pour 4 personnes
Préparation et cuisson : 1 h 30 à 1 h 35

- 1 kg de pommes de terre
- 25 g de beurre
- 1 oignon
- 300 g de tranches de poivron surgelées
- 1 piment rouge
- 500 g de dinde hachée
- 1 cuill. à soupe de paprika fumé
- 20 cl de bouillon de volaille
- sel et poivre du moulin

1 Pelez les pommes de terre et coupez-les en petits morceaux. Faites-les cuire de 12 à 15 minutes dans une grande casserole d'eau salée, puis égouttez-les. Remettez-les dans la casserole et réservez-les pendant 3 minutes. Assaisonnez, puis ajoutez le beurre dans la casserole. Écrasez grossièrement le tout à l'aide d'une fourchette.

2 Pelez l'oignon, puis hachez-le. Dans une autre casserole, faites-le cuire 5 minutes avec les tranches de poivron. Pendant ce temps, épépinez le piment, puis hachez-le. Ajoutez la dinde, le piment et le paprika dans la casserole. Remuez, puis laissez cuire jusqu'à ce que l'ensemble brunisse. Arrosez de bouillon et laissez bouillonner 10 minutes.

3 Transférez le contenu de la casserole dans un plat allant au four. Couvrez de purée. Ce hachis Parmentier peut se conserver 2 jours au réfrigérateur ou 3 mois au congélateur.

4 Préchauffez le four à 180 °C (therm. 6). Si le plat est congelé, laissez-le décongeler au réfrigérateur, puis enfournez pour 40 minutes.

• Par portion : 410 Calories – Protéines : 37 g – Glucides : 50 g – Lipides : 8 g (dont 4 g de graisses saturées) – Fibres : 5 g – Sel : 0,45 g – Sucres ajoutés : 7 g.

Ce plat copieux se prépare en plein hiver, le nec plus ultra étant de le déguster après une bonne journée de ski !

Ragoût de saucisses aux haricots

Pour 4 personnes

Préparation et cuisson : 55 min à 1 h

- 1 cuill. à soupe d'huile végétale
- 8 saucisses de porc
- 2 branches de céleri-branche
- 2 carottes
- 1 oignon
- 1 cuill. à soupe de concentré de tomates
- 400 g de haricots blancs
- 400 g de haricots à la tomate
- 1/2 petit bouquet de thym
- 20 cl de bouillon de volaille ou de légumes
- 1 poignée de chapelure de pain blanc
- sel et poivre du moulin

1 Mettez la moitié de l'huile à chauffer dans une cocotte. Faites dorer les saucisses de tous les côtés, puis réservez-les dans une assiette. Hachez le céleri, les carottes et l'oignon. Ajoutez-les dans la cocotte avec le reste de l'huile, puis laissez-les frire 10 minutes. Incorporez le concentré de tomates à la préparation et prolongez la cuisson de 1 minute.

2 Remettez les saucisses dans la cocotte avec les haricots, le thym, du sel et du poivre. Arrosez de bouillon, puis portez à petite ébullition. Arrêtez le feu. À cette étape, vous pouvez laisser refroidir le ragoût, le transférer dans une boîte hermétique et le conserver 2 jours au réfrigérateur ou 3 mois au congélateur.

3 Si la préparation est congelée, laissez-la entièrement décongeler au réfrigérateur. Préchauffez le four à 180 °C (therm. 6). Mettez le ragoût dans une cocotte. Répartissez la chapelure sur le ragoût. Enfournez, puis laissez cuire de 25 à 30 minutes.

• Par portion : 580 Calories – Protéines : 25 g – Glucides : 50 g – Lipides : 33 g (dont 10 g de graisses saturées) – Fibres : 10 g – Sel : 3,85 g – Sucres ajoutés : 16 g.

Pour cette recette, vous pouvez remplacer le chou-fleur par du brocoli ou utiliser un demi-chou-fleur et une demi-tête de brocoli.

Gratin de macaronis au chou-fleur

❄ **Pour 4 personnes**
Préparation et cuisson : 25 à 50 min

- 1 chou-fleur
- 250 g de macaronis
- 25 g de beurre
- 2 cuill. à soupe de farine
- 2 cuill. à café de moutarde à l'ancienne en poudre
- 45 cl de lait
- 100 g de cheddar râpé
- sel et poivre du moulin

1 Détaillez le chou-fleur en bouquets. Faites cuire les macaronis dans une grande casserole d'eau salée. Ajoutez les bouquets de chou-fleur 4 minutes avant la fin du temps de cuisson. Égouttez les macaronis et le chou-fleur, puis réservez.

2 Dans une autre casserole, laissez fondre le beurre, puis incorporez la farine et la moutarde en remuant. Prolongez la cuisson de 2 minutes, puis intégrez progressivement le lait sans cesser de remuer. Ajoutez les trois quarts du cheddar, puis assaisonnez le tout.

3 Incorporez les macaronis et le chou-fleur à la sauce au fromage, puis transférez la préparation dans un plat allant au four. Parsemez du reste du cheddar. À cette étape, vous pouvez laisser refroidir le plat et le conserver 2 jours au réfrigérateur ou 3 mois au congélateur.

4 Si la préparation est chaude, allumez le gril du four à température maximale, puis glissez le plat dessous jusqu'à ce que le gratin soit doré. Si elle est congelée, laissez-la décongeler complètement. Préchauffez le four à 180 °C (therm. 6), puis enfournez pour 30 minutes.

• Par portion : 446 Calories – Protéines : 19 g – Glucides : 57 g – Lipides : 17 g (dont 10 g de graisses saturées) – Fibres : 2 g – Sel : 0,68 g – Sucres ajoutés : 7 g.

Préparez cette recette à la fin de l'été, avec des tomates juteuses et du basilic frais.

Ragoût de poulet à la tomate et aux olives

Pour 2 personnes
Préparation et cuisson : 30 à 35 min

- 1 petit oignon
- 2 cuill. à soupe d'huile d'olive
- 2 blancs de poulet sans la peau
- 2 gousses d'ail
- 400 g de tomates mûres
- 6 olives vertes farcies au piment
- 1 cuill. à soupe de vinaigre balsamique
- 30 cl de bouillon de volaille
- 1 poignée de feuilles de basilic
- sel et poivre du moulin

1 Pelez et émincez l'oignon. Mettez l'huile à chauffer dans une grande poêle. Assaisonnez les blancs de poulet et faites-les frire 4 ou 5 minutes, côté plat dessous. Retournez le poulet, puis ajoutez l'oignon dans la poêle et prolongez la cuisson de 4 ou 5 minutes. Réservez le poulet dans une assiette. Pelez et hachez l'ail, puis mettez-le dans la poêle. Prolongez la cuisson jusqu'à ce que les oignons soient translucides.

2 Pendant ce temps, hachez les tomates, puis coupez les olives en rondelles. Ajoutez le tout dans la poêle avec le vinaigre, le bouillon, du sel et du poivre. Laissez mijoter 7 ou 8 minutes en remuant régulièrement. Remettez le poulet et son jus dans la poêle, puis prolongez la cuisson de 5 minutes à couvert. À cette étape, vous pouvez laisser refroidir le ragoût et le réserver 2 jours au réfrigérateur ou 2 mois au congélateur.

3 Si la préparation est congelée, faites-la entièrement décongeler au réfrigérateur, puis réchauffez-la dans une casserole à feu doux ou au four à micro-ondes. Incorporez la moitié du basilic à la préparation. Parsemez du reste du basilic et servez.

• Par portion : 353 Calories – Protéines : 41 g – Glucides : 11 g – Lipides : 17 g (dont 3 g de graisses saturées) – Fibres : 4 g – Sel : 2,15 g – Sucres ajoutés : 9 g.

L'avantage de ce délicieux plat complet et végétarien est qu'il peut aussi se déguster froid, en salade.

Riz sauvage aux légumes

Pour 4 personnes
Préparation et cuisson : 1 h

- 1 courge butternut (ou 2 potimarrons)
- 2 cuill. à soupe d'huile d'olive
- 1 tête de brocoli
- 50 g de riz sauvage complet
- 50 g de lentilles du Puy
- 50 g de cranberries séchées
- 25 g de graines de potiron
- sel et poivre du moulin

1 Préchauffez le four à 180 °C (therm. 6). Pelez la courge, puis épépinez-la et coupez-la en dés. Répartissez-les sur une grande plaque de cuisson. Arrosez-les de la moitié de l'huile, puis enfournez pour 30 minutes.

2 Pendant ce temps, détaillez le brocoli en bouquets. Faites cuire le riz et les lentilles 20 minutes dans une grande casserole d'eau bouillante salée. Ajoutez le brocoli dans l'eau 4 minutes avant la fin du temps de cuisson. Égouttez le tout, puis incorporez les cranberries et les graines de potiron au mélange. Assaisonnez. Intégrez les dés de courge, puis arrosez du reste de l'huile. Servez.

• Par portion : 266 Calories – Protéines : 12 g – Glucides : 43 g – Lipides : 7 g (dont 1 g de graisses saturées) – Fibres : 7 g – Sel : 0,05 g – Sucres ajoutés : 18 g.

Si vous souhaitez congeler ce curry, veillez à le préparer avec des crevettes fraîches et non surgelées.

Curry de crevettes à la tomate

Pour 4 personnes
Préparation et cuisson : 30 à 35 min

- 1 gros oignon
- 2 cuill. à soupe d'huile de tournesol
- 4 gousses d'ail
- 1 gros morceau de gingembre
- 1/2 piment rouge
- 1 cuill. à café de sucre en poudre
- 1 cuill. à café de graines de moutarde noire
- 1 cuill. à café de cumin en poudre
- 1 cuill. à café de coriandre
- 1 cuill. à café de curcuma
- 1 cuill. à soupe de *garam masala* (mélange d'épices indien)
- 2 cuill. à café de vinaigre de malt
- 400 g de tomates concassées en conserve
- 400 g de grosses crevettes crues
- 1 petit bouquet de coriandre

1 Pelez l'oignon, puis hachez-le. Mettez l'huile à chauffer dans une sauteuse. Faites revenir l'oignon de 8 à 10 minutes dans l'huile. Pendant ce temps, pelez l'ail et le gingembre, puis écrasez le tout. Hachez finement le demi-piment. Ajoutez ces ingrédients dans la sauteuse, puis prolongez la cuisson de 1 ou 2 minutes. Incorporez le sucre, les graines de moutarde et les épices à la préparation. Laissez cuire 1 minute, puis ajoutez le vinaigre et les tomates dans la sauteuse. Salez et faites mijoter 5 minutes en remuant.

2 Incorporez les crevettes à la préparation. Baissez le feu et prolongez la cuisson de 8 à 10 minutes, en ajoutant un filet d'eau si nécessaire. À cette étape, vous pouvez laisser refroidir le curry et le réserver 24 heures au réfrigérateur, ou le conserver 1 mois au congélateur.

3 Si le curry est congelé, faites-le entièrement décongeler au réfrigérateur, puis transférez-le dans une casserole. Hachez la coriandre. Incorporez les trois quarts de la coriandre au plat, puis réchauffez le tout à feu doux, en ajoutant, si nécessaire, un filet d'eau. Parsemez du reste de la coriandre et servez.

• Par portion : 217 Calories – Protéines : 22 g – Glucides : 16 g – Lipides : 8 g (dont 1 g de graisses saturées) – Fibres : 3 g – Sel : 0,66 g – Sucres ajoutés : 9 g.

Cette soupe est particulièrement riche en saveurs, car le bouillon s'imprègne de tous les ingrédients qui cuisent dedans.

Soupe de pâtes aux légumes et à la saucisse

Pour 4 personnes
Préparation et cuisson : 35 min

- 1 cuill. à soupe d'huile d'olive
- 8 saucisses italiennes ou de Toulouse
- 2,8 l de bouillon de volaille
- 2 carottes
- 2 oignons
- 3 branches de céleri-branche
- 140 g de haricots verts
- 400 g de penne
- 1 poignée de feuilles de persil
- sel et poivre du moulin

POUR SERVIR

- quelques brins de persil

1 La veille, mettez l'huile à chauffer dans une grande poêle et laissez dorer les saucisses de tous les côtés. Faites chauffer le bouillon, puis versez-le dans la poêle et prolongez la cuisson de 10 minutes à couvert.

2 Pendant ce temps, pelez les carottes et les oignons. Émincez-les avec le céleri. Équeutez les haricots verts et retirez les fils. Coupez les haricots en tronçons de 5 cm. Ajoutez les pâtes dans la poêle et portez à ébullition. Incorporez les carottes et les oignons à la préparation, puis prolongez la cuisson de 5 minutes. Ajoutez les haricots verts, le céleri, et laissez cuire 4 minutes. Vérifiez que les pâtes sont cuites et, si nécessaire, prolongez la cuisson de quelques minutes. Hachez le persil, puis incorporez-le à la soupe et assaisonnez. Laissez refroidir et réservez 1 nuit entière au réfrigérateur.

3 Le jour même, réchauffez la soupe, en ajoutant, si nécessaire, un filet de bouillon. Ciselez le persil. Répartissez la soupe dans des assiettes creuses, puis parsemez de persil et servez.

• Par portion : 772 Calories – Protéines : 53 g – Glucides : 90 g – Lipides : 25 g (dont 8 g de graisses saturées) – Fibres : 9 g – Sel : 3 g – Sucres ajoutés : 11 g.

Ce curry végétarien peut aussi servir d'accompagnement à une viande ou à un poisson rôtis.

Curry de potiron aux pois chiches

Pour 4 personnes
Préparation et cuisson : 40 min

- 2 oignons
- 3 grosses tiges de citronnelle
- 1 potiron ou 1 courge, d'environ 1 kg
- 1 cuill. à soupe d'huile de tournesol
- 3 cuill. à soupe de pâte de curry jaune
- 6 gousses de cardamome
- 1 cuill. à soupe de graines de moutarde
- 25 cl de bouillon de légumes
- 40 cl de lait de coco allégé (dans les épiceries asiatiques)
- 400 g de pois chiches en conserve
- le jus de 1 citron vert

POUR SERVIR

- 1 poignée de feuilles de menthe ciselées
- quartiers de citron vert (facultatif)

1 Pelez les oignons, puis hachez-les. Écrasez la citronnelle avec le plat de la lame d'un couteau. Pelez le potiron, puis épépinez-le et coupez la chair en morceaux de 3 cm de côté. Mettez l'huile à chauffer dans une sauteuse à feu doux. Faites frire la pâte de curry 2 ou 3 minutes avec les oignons, la citronnelle, les gousses de cardamome et les graines de moutarde. Incorporez le potiron à la préparation, puis arrosez de bouillon de légumes et de lait de coco. Portez le tout à petite ébullition. Pendant ce temps, égouttez les pois chiches et rincez-les. Intégrez-les au curry, puis prolongez la cuisson de 10 minutes. À cette étape, vous pouvez laisser refroidir le curry et le conserver 2 jours au réfrigérateur ou 1 mois au congélateur.

2 Si le curry est congelé, laissez-le entièrement décongeler au réfrigérateur, puis réchauffez-le. Pressez le citron vert et arrosez le curry du jus. Parsemez le plat de menthe ciselée, puis servez, éventuellement, avec des quartiers de citron vert.

• Par portion : 293 Calories – Protéines : 9 g – Glucides : 26 g – Lipides : 18 g (dont 10 g de graisses saturées) – Fibres : 7 g – Sel : 1,32 g – Sucres ajoutés : 10 g.

La truite fumée se trouve dans le commerce en filets ou entière. En Norvège, il existe des élevages de truites saumonées destinées à être fumées.

Galettes de truite et purée de petits pois

Pour 4 personnes
Préparation et cuisson : 40 min

- 600 g de pommes de terre
- 2 cuill. à soupe de sauce au raifort
- 200 g de filets de truite fumée
- le zeste et le jus de 1/2 citron non traité
- 25 g de farine
- 1 cuill. à soupe d'huile végétale
- sel et poivre du moulin

POUR LA PURÉE DE PETITS POIS

- 400 g de petits pois surgelés
- 10 cl de bouillon de légumes
- le jus de 1/2 citron

POUR SERVIR

- quartiers de citron

1 Coupez les pommes de terre en dés et faites-les cuire dans une casserole d'eau bouillante salée. Égouttez-les, puis remettez-les dans la casserole et laissez reposer quelques minutes. Ôtez du feu. Versez la sauce au raifort dans la casserole et mélangez en écrasant les pommes de terre. Émiettez les filets de truite, puis incorporez-les à la purée avec le zeste et le jus de citron. Assaisonnez. Façonnez 8 galettes, saupoudrez-les de farine et réservez-les jusqu'à 2 jours au réfrigérateur ou 1 mois au congélateur.

2 Préparez la purée de petits pois. Dans une casserole, réunissez les petits pois et le bouillon de légumes. Portez à ébullition, puis baissez le feu et laissez cuire 3 minutes. Transférez le tout dans le bol d'un robot. Mixez 30 secondes. Ajoutez le jus de citron et assaisonnez. Laissez refroidir, puis réservez jusqu'à 2 jours au réfrigérateur.

3 Si les galettes de poisson sont congelées, laissez-les décongeler. Mettez l'huile à chauffer dans une poêle et faites revenir les galettes 4 minutes de chaque côté. Réchauffez la purée de petits pois, puis servez-la avec les galettes de truite et des quartiers de citron.

• Par portion : 329 Calories – Protéines : 20 g – Glucides : 42 g – Lipides : 10 g (dont 2 g de graisses saturées) – Fibres : 8 g – Sel : 1,28 g – Sucres ajoutés : 5 g.

Cette recette permet de transformer facilement un reste de poulet rôti en plat complet.

Tourte au poulet et aux légumes

Pour 4 personnes
Préparation et cuisson : 1 h 15

- 1 oignon
- 100 g de champignons de Paris
- 250 g de gros morceaux de poulet cuit
- 50 g de beurre
- 50 g de farine
- 40 cl de lait
- 40 cl de bouillon de volaille
- 1 pincée de noix de muscade
- 1 pincée de moutarde en poudre
- 1 feuille de laurier
- 200 g de légumes mélangés (par exemple maïs, petits pois, dés de poivrons, brocolis et carottes)
- 1 œuf
- 250 g de pâte brisée
- sel et poivre du moulin

1 Pelez l'oignon, puis émincez-le avec les champignons. Faites fondre le beurre dans une casserole à feu moyen, puis ajoutez l'oignon et faites-le revenir 5 minutes. Ajoutez les champignons et prolongez la cuisson quelques minutes. Saupoudrez de farine, puis remuez et laissez cuire 2 minutes à feu doux. Pendant ce temps, faites chauffer le lait dans une autre casserole. Incorporez-le à la préparation sans cesser de remuer. Arrosez de bouillon de légumes et assaisonnez, puis parsemez de noix de muscade, de moutarde en poudre et de la feuille de laurier. Portez à ébullition en remuant constamment. Incorporez le poulet et les légumes mélangés, puis transférez le tout dans un plat allant au four. À cette étape, vous pouvez réserver la garniture 24 heures au réfrigérateur ou 1 mois au congélateur.

2 Si la préparation est congelée, laissez-la entièrement décongeler. Préchauffez le four à 180 °C (therm. 6). Battez l'œuf dans un bol. Étalez la pâte, puis disposez-la sur la préparation et pressez les bords avec les doigts. Badigeonnez-la d'œuf battu. Faites un petit trou au centre de la tourte, puis enfournez pour 25 minutes.

• Par portion : 583 Calories – Protéines : 27 g – Glucides : 48 g – Lipides : 33 g (dont 15 g de graisses saturées) – Fibres : 3 g – Sel : 2,11 g – Sucres ajoutés : 9 g.

Ce plat végétarien peut être servi avec du riz ou en accompagnement d'une viande.

Légumes d'été aux haricots

Pour 4 personnes
Préparation et cuisson : 45 min

- 2 courgettes
- 1 gousse d'ail
- 1 morceau de gingembre de 5 cm
- 1 gros oignon
- 1 poivron rouge
- 1 poivron jaune
- 1 cuill. à soupe d'huile d'olive
- 1 cuill. à soupe de piment en poudre
- 100 g de lentilles corail
- 1 cuill. à soupe de concentré de tomates
- 800 g de tomates concassées en conserve
- 25 cl d'eau
- 195 g de maïs en conserve
- 400 g de haricots blancs en conserve
- 400 g de haricots rouges en conserve

1 Coupez les courgettes en dés. Pelez l'ail, le gingembre et l'oignon, puis épépinez les poivrons et hachez le tout. Mettez l'huile à chauffer dans une grande casserole, puis faites revenir les ingrédients hachés et les courgettes pendant 5 minutes. Ajoutez le piment et prolongez la cuisson de 1 minute.

2 Rincez les lentilles, puis égouttez-les. Incorporez-les à la préparation avec le concentré de tomates, les tomates et l'eau. Portez à ébullition, puis laissez cuire de 15 à 20 minutes.

3 Pendant ce temps, égouttez le maïs et les haricots. Rincez les haricots, puis ajoutez-les dans la casserole avec le maïs et prolongez la cuisson de 10 minutes. Servez sans attendre ou laissez refroidir et réservez jusqu'à 3 jours au réfrigérateur. Réchauffez la préparation dans une casserole à feu doux ou au four à micro-ondes.

• Par portion : 361 Calories – Protéines : 21 g – Glucides : 61 g – Lipides : 6 g (dont 10 g de graisses saturées) – Fibres : 13 g – Sel : 1,34 g – Sucres ajoutés : 21 g.

Vous pouvez remplacer les blancs de poulet par des cuisses de poulet : prolongez alors la cuisson du sauté de 10 minutes.

Sauté de poulet à la marocaine

Pour 4 personnes
Préparation et cuisson : 20 min

- 1 oignon
- 1 gousse d'ail
- 1 cuill. à soupe d'huile d'olive
- 1 cuill. à soupe de ras el-hanout
- 4 blancs de poulet sans la peau
- 400 g de pois chiches
- 12 abricots secs
- 30 cl de bouillon de volaille
- 1 petit bouquet de coriandre

POUR SERVIR
- semoule de couscous
- salade verte

1 Pelez l'oignon et l'ail, puis hachez-les. Mettez l'huile à chauffer dans une grande sauteuse. Faites revenir l'oignon 3 minutes, puis ajoutez l'ail et les épices. Prolongez la cuisson de 1 minute.

2 Détaillez le poulet en lamelles, puis ajoutez-les dans la sauteuse et laissez cuire 3 minutes. Pendant ce temps, égouttez les pois chiches et rincez-les. Coupez les abricots en deux. Arrosez le poulet de bouillon de volaille, puis incorporez les pois chiches et les abricots à la préparation. Prolongez la cuisson à feu doux de 5 minutes. À cette étape, vous pouvez laisser refroidir le sauté, le réserver au frais quelques heures, ou le conserver 3 mois au congélateur.

3 Si le sauté est congelé, faites-le entièrement décongeler au réfrigérateur, puis réchauffez-le dans une casserole à feu doux ou au four à micro-ondes. Hachez la coriandre, puis intégrez-la à la préparation. Servez éventuellement avec de la semoule et une salade verte.

• Par portion : 309 Calories – Protéines : 40 g – Glucides : 24 g – Lipides : 6 g (dont 1 g de graisses saturées) – Fibres : 5 g – Sel : 0,66 g – Sucres ajoutés : 13 g.

La pâte de *laksa* s'achète dans les épiceries orientales. Si vous n'en trouvez pas, vous pouvez la remplacer par une pâte de curry rouge, plus facile à trouver.

Laksa au saumon, à la courge et aux crevettes

Pour 4 personnes
Préparation et cuisson : 35 à 40 min

- 1 petite courge
- 185 g de pâte de *laksa*
- 40 cl de lait de coco en conserve
- 60 cl de bouillon de volaille
- 140 g de nouilles de riz
- 300 g de germes de soja
- 400 g de filet de saumon sans la peau
- 200 g de crevettes décortiquées en conservant l'éventail de l'extrémité
- 1 botte d'oignons nouveaux

POUR SERVIR

- 2 cuill. à soupe de coriandre ciselée
- quelques quartiers de citron

1 Pelez la courge, puis épépinez-la et coupez la chair en gros morceaux. Mettez la pâte de laksa à chauffer dans une casserole. Faites revenir les morceaux de courge dans la casserole quelques minutes en remuant. Arrosez de lait de coco et de bouillon, puis laissez mijoter 10 minutes. Pendant ce temps, mettez les nouilles à tremper dans un saladier d'eau bouillante. Égouttez-les, puis incorporez-les à la préparation avec les germes de soja. À cette étape de la recette, vous pouvez laisser refroidir le laksa puis le conserver jusqu'à 2 mois au congélateur.

2 Si le laksa est congelé, faites-le décongeler 1 nuit entière au réfrigérateur, puis transférez-le dans une grande casserole. Coupez le saumon en gros morceaux. Ajoutez-les dans la casserole avec les crevettes, puis couvrez et portez à ébullition. Laissez mijoter 2 ou 3 minutes. Pendant ce temps, tranchez finement les oignons, puis intégrez-les à la préparation. Parsemez le plat de coriandre et servez avec des quartiers de citron vert.

• Par portion : 445 Calories – Protéines : 29 g – Glucides : 34 g – Lipides : 23 g (dont 11 g de graisses saturées) – Fibres : 3 g – Sel : 1,18 g – Sucres ajoutés : 9 g.

La composition des pâtes de curry varie selon les régions. À base de piment, la pâte de curry vert contient souvent de l'ail, du gingembre, de la citronnelle, de la coriandre et du cumin.

Soupe de poulet au curry vert

Pour 8 personnes

Préparation et cuisson : 45 à 50 min

- 1 oignon
- 4 gousses d'ail
- 2 cuill. à soupe d'huile de tournesol
- 500 g de cuisses de poulet désossées sans la peau
- 290 g de pâte de curry vert
- 40 cl de lait de coco
- 1,75 l de bouillon de volaille
- 5 feuilles de citron vert
- 2 cuill. à soupe de sauce nam-pla ou nuoc-mâm (à base de poisson)
- 1 botte d'oignons nouveaux
- 280 g de haricots verts
- 150 g de pousses de bambou
- le jus de 2 citrons verts
- 1 petit bouquet de basilic

POUR SERVIR

- quartiers de citron verts

1 Pelez l'oignon et l'ail. Mettez l'huile à chauffer dans une casserole. Hachez l'oignon, puis faites-le frire 3 minutes dans l'huile. Pendant ce temps, émincez l'ail et hachez le poulet. Ajoutez le tout dans la casserole, puis laissez cuire jusqu'à ce que le poulet change de couleur.

2 Incorporez la pâte de curry, le lait de coco, le bouillon, les feuilles de citron vert et la sauce nam-pla à la préparation et laissez cuire 12 minutes. Hachez la partie verte des oignons nouveaux et tranchez la partie blanche en biseau. Équeutez les haricots verts et retirez les fils, puis coupez les haricots en deux. Intégrez la partie verte des oignons, les haricots et les pousses de bambou au curry. Laissez cuire de 4 à 6 minutes.

3 Dans un bol, mélangez le jus de citron vert et le basilic à l'aide d'un fouet. Versez le jus dans la soupe. Ajoutez les tranches d'oignons et réchauffez le tout. Si vous le souhaitez, laissez refroidir la soupe, puis placez-la au congélateur. Au moment de la déguster, décongelez-la, puis réchauffez-la. Servez avec des quartiers de citron vert.

• Par portion : 262 Calories – Protéines : 23 g – Glucides : 8 g – Lipides : 16 g (dont 8 g de graisses saturées) – Fibres : 3 g – Sel : 2,38 g – Sucres ajoutés : 4 g.

Essuyez les tranches de mozzarella à l'aide de papier absorbant pour éviter qu'elles ne détrempent la pâte.

Pizzas margarita

❄ **Pour 6 personnes**
Préparation et cuisson : 45 à 50 min
Repos de la pâte : 1 h

- 500 g de préparation pour pâte à pain ou à pizza
- 6 cuill. à soupe de sauce tomate
- 1 petit bouquet de basilic
- 18 tomates cerises
- 250 g de mozzarella
- 25 g de parmesan râpé

1 Huilez un saladier. Préparez la pâte à pain, puis placez-la dans le saladier et laissez-la lever 1 heure. Frappez la pâte du poing pour éliminer le maximum d'air. Farinez le plan de travail, puis divisez la pâte en six parts égales. Étalez les morceaux de pâte en formant des disques de 20 cm de diamètre.

2 Huilez des plaques de cuisson et transférez les disques de pâte dessus, puis badigeonnez chaque disque de 1 cuillerée à soupe de sauce tomate. Ciselez le basilic et coupez les tomates cerises en deux. Tranchez la mozzarella. Répartissez le basilic, les demi-tomates, la mozzarella et le parmesan sur la sauce tomate. Si vous souhaitez congeler les pizzas, couvrez-les d'un film alimentaire, puis placez-les au congélateur, sur les plaques de cuisson.

3 Préchauffez le four à 200 °C (therm. 6-7). Si la pizza est congelée, retirez le film alimentaire, puis enfournez et laissez cuire de 10 à 14 minutes. Sinon, réduisez le temps de cuisson de 4 minutes.

• Par portion : 380 Calories – Protéines : 18 g – Glucides : 51 g – Lipides : 13 g (dont 7 g de graisses saturées) – Fibres : 5 g – Sel : 2,53 g – Sucres ajoutés : 4 g.

Cette préparation peut se conserver jusqu'à 2 mois au congélateur.

Tourte aux champignons et à la courge

Pour 6 personnes
Préparation et cuisson : 3h

- 600 g d'échalotes
- 1 courge
- 1 cuill. à soupe d'huile d'olive
- 100 g de beurre
- 2 gousses d'ail
- 2 cuill. à café de feuilles de romarin hachées
- 2 cuill. à café de feuilles de sauge hachées
- 250 g de champignons de Paris
- 25 g de cèpes séchés réhydratés dans 25 cl d'eau bouillante
- 50 g de farine
- 50 cl de bouillon de légumes
- 500 g de pâte feuilletée prête à l'emploi
- 1 œuf

1 Pelez les échalotes, puis coupez-les en deux. Pelez la courge, épépinez-la, puis coupez la chair en dés. Mettez l'huile et le tiers du beurre à chauffer dans une casserole. Faites revenir les échalotes et la courge dans la casserole. Pelez l'ail, puis hachez-le. Incorporez l'ail, le romarin et la sauge à la préparation et laissez cuire 2 minutes.

2 Mettez 30 g de beurre à chauffer dans une autre casserole. Faites frire les champignons de Paris. Hachez les cèpes, puis ajoutez-les dans la casserole et laissez cuire 2 minutes. Réservez dans une assiette. Faites fondre le reste du beurre dans la même casserole. Incorporez la farine, puis laissez cuire 2 minutes en remuant. Ajoutez le bouillon et l'eau de trempage des cèpes. Portez à ébullition en remuant. Versez la sauce sur les dés de courge. Incorporez les champignons et transférez le tout dans un plat allant au four. Laissez refroidir.

3 Posez la pâte sur la préparation, puis coupez les bords qui dépassent. À cette étape de la recette, vous pouvez placer le plat au congélateur.

4 Préchauffez le four à 180 °C (therm. 6). Battez l'œuf dans un bol. Badigeonnez la pâte d'œuf, puis enfournez pour 30 à 40 minutes.

• Par portion : 610 Calories – Protéines : 12 g – Glucides : 51 g – Lipides : 42 g (dont 21 g de graisses saturées) – Fibres : 7 g – Sel : 1,32 g – Sucres ajoutés : 12 g.

Le goulache classique – originaire de Hongrie – est une soupe de bœuf aux oignons et au paprika garnie de pommes de terre.

Goulache de porc et boulettes

Pour 10 personnes
Préparation et cuisson : 1 h 45 à 2 h

- 2 oignons
- 2 cuill. à soupe d'huile d'olive
- 1,5 kg de filet de porc
- 4 gousses d'ail
- 1 ou 2 cuill. à soupe de paprika fumé
- 50 cl de bouillon de bœuf
- 800 g de tomates concassées en conserve
- 1 cuill. à soupe de sucre en poudre
- 3 poivrons rouges

POUR LES BOULETTES

- 250 g de farine à levure incorporée
- 140 g de graisse de rognon de bœuf (ou de graisse végétale)
- 1 ½ cuill. à café de levure chimique
- eau froide

POUR SERVIR

- 2 cuill. à soupe d'origan ciselé

1 Pelez les oignons, puis coupez-les en quartiers. Mettez la moitié de l'huile à chauffer dans une cocotte. Détaillez le porc en lamelles, puis laissez-les frire 4 ou 5 minutes et réservez-les dans une assiette. Versez le reste de l'huile dans la cocotte et faites revenir les oignons. Pelez l'ail, puis écrasez-le. Ajoutez-le dans la cocotte avec le paprika et laissez cuire 1 ou 2 minutes. Remettez le porc dans la cocotte, puis arrosez de bouillon. Ajoutez les tomates et le sucre. Portez à ébullition, puis baissez le feu et laissez mijoter de 20 à 30 minutes.

2 Préparez les boulettes. Dans un saladier, mélangez la farine avec la graisse et la levure. Incorporez de l'eau jusqu'à l'obtention d'une pâte souple, puis façonnez 30 petites boulettes.

3 Épépinez les poivrons. Hachez-les, puis ajoutez-les dans la cocotte avec les boulettes. Couvrez et laissez cuire de 25 à 30 minutes. Si vous le souhaitez, laissez refroidir le goulache, puis placez-le au congélateur.

4 Si le goulache est congelé, faites-le décongeler, puis réchauffez-le à feu doux dans une cocotte à couvert. Parsemez-le d'origan et servez.

• Par portion : 476 Calories – Protéines : 38 g – Glucides : 27 g – Lipides : 25 g (dont 10 g de graisses saturées) – Fibres : 2 g – Sel : 0,84 g – Sucres ajoutés : 5 g.

Pour des saveurs plus relevées encore, ajoutez des graines de coriandre.

Tourte aux pommes de terre

Pour 4 personnes
Préparation et cuisson : 1 h

- 25 g de beurre
- 3 grandes feuilles de pâte filo rectangulaires
- 1/2 cuill. à café de graines de moutarde noire

POUR LA GARNITURE
- 600 g de grosses pommes de terre à chair ferme (de type Charlotte)
- 1 oignon
- 1 piment rouge
- 40 g de beurre
- 1 cuill. à soupe de gingembre en poudre
- 1 1/2 cuill. à soupe de pâte de curry *korma*
- 200 g d'épinards cuits
- 2 tomates
- 1 poignée de coriandre

1 Préparez la garniture. Faites cuire les pommes de terre dans une casserole d'eau bouillante. Égouttez-les et réservez-les. Pelez l'oignon, puis hachez-le. Épépinez le piment, puis émincez-le. Faites fondre le beurre dans la casserole et laissez frire les oignons. Ajoutez le piment et le gingembre. Quand le piment est tendre, incorporez la pâte de curry. Remettez les pommes de terre dans la casserole. Écrasez-les légèrement à l'aide d'une fourchette. Hachez les épinards, les tomates et la coriandre, puis intégrez-les à la préparation.

2 Faites fondre le beurre. Beurrez un moule à gâteau rond de 20 cm de diamètre. Badigeonnez de beurre 3 feuilles de pâte filo et placez-en 2 dans l'un des moules, de manière à former une croix et en les laissant déborder sur les côtés. Pliez la troisième feuille en deux et posez-la sur les 2 autres. Répartissez la garniture dans le moule, puis rabattez les feuilles dessus. Badigeonnez du reste du beurre et parsemez de graines de moutarde. À cette étape, vous pouvez congeler la tourte.

3 Si vous avez congelé la tourte, faites-la décongeler. Préchauffez le four à 170 °C (therm. 5-6), puis enfournez pour 35 minutes.

• Par portion : 386 Calories – Protéines : 9 g – Glucides : 51 g – Lipides : 18 g (dont 9 g de graisses saturées) – Fibres : 5 g – Sel : 0,87 g – Sucres ajoutés : 6 g.

Les lentilles sèches, à la fois nutritives et bon marché, ne doivent jamais être salées en cours de cuisson, car le sel les fait durcir.

Hachis végétarien

❄ **Pour 10 personnes**
Préparation et cuisson : 1 h 30 à 2 h

- 2 oignons
- 4 gousses d'ail
- 1 tête de céleri
- 4 carottes
- 200 g de gros champignons de Paris
- 50 g de beurre
- 2 feuilles de laurier
- 1 cuill. à soupe de thym séché
- 500 g de lentilles sèches vertes ou rouges, ou 800 g de lentilles en conserve
- 10 cl de vin rouge (facultatif)
- 1,7 l de bouillon de légumes
- 3 cuill. à soupe de concentré de tomates
- 50 g de cheddar râpé
- sel et poivre du moulin

POUR LA PURÉE
- 2 kg de pommes de terre farineuses (de type bintje)
- 85 g de beurre
- 10 cl de lait

1 Pelez les oignons et l'ail, puis hachez-les avec le céleri. Pelez les carottes et coupez-les en dés. Émincez les champignons. Mettez le beurre à chauffer dans une casserole à feu doux, puis faites frire les oignons, l'ail, le céleri et les carottes pendant 15 minutes. Augmentez le feu et ajoutez les champignons. Prolongez la cuisson de 4 minutes, puis incorporez le laurier, le thym et les lentilles à la préparation. Arrosez éventuellement de vin. Ajoutez le bouillon, puis laissez mijoter de 40 à 50 minutes. Salez et poivrez selon votre goût, intégrez le concentré de tomates à la préparation, puis réservez le tout.

2 Pendant que les lentilles cuisent, préparez la purée. Faites cuire les pommes de terre dans une casserole d'eau bouillante. Égouttez-les, puis remettez-les dans la casserole avec le beurre et le lait. Écrasez le tout et assaisonnez.

3 Répartissez la préparation à base de lentilles dans deux plats à gratin. Couvrez de purée, puis parsemez de cheddar et réservez jusqu'à 2 mois au congélateur. Pour servir le jour même, préchauffez le four à 170 °C (therm. 5-6) set enfournez pour 30 minutes.

• Par portion : 449 Calories – Protéines : 19 g – Glucides : 68 g – Lipides : 13 g (dont 7 g de graisses saturées) – Fibres : 10 g – Sel : 0,59 g – Sucres ajoutés : 9 g.

Au Portugal, ce plat est servi avec des frites ou du riz (ou parfois les deux), mais il se marie également très bien avec de la purée de pomme de terre.

Bœuf braisé à la portugaise

Pour 4 personnes

Préparation et cuisson : 2h30

- 2 cuill. à soupe d'huile d'olive
- 4 tranches de bœuf à braiser de 200 g chacune
- 4 cuill. à soupe de vinaigre de vin rouge
- 3 oignons
- 3 gousses d'ail
- 1/2 cuill. à café de paprika
- 10 cl de vin rouge
- 400 g de tomates concassées en conserve
- 1 cuill. à café de concentré de tomates
- 2 feuilles de laurier

POUR SERVIR

- quelques feuilles de coriandre

1 Préchauffez le four à 120 °C (therm. 4). Mettez la moitié de l'huile à chauffer dans une sauteuse, puis faites dorer les tranches de bœuf de chaque côté. Réservez-les dans une assiette. Versez le vinaigre dans la sauteuse et laissez bouillonner jusqu'à ce qu'il soit presque évaporé. Pendant ce temps, pelez les oignons, puis émincez-les. Versez le reste de l'huile dans la sauteuse et faites frire les oignons à feu moyen de 10 à 15 minutes.

2 Pelez l'ail, puis hachez-le. Ajoutez-le avec le paprika à la préparation, et laissez cuire 1 minute. Versez le vin rouge dans la sauteuse, puis incorporez les tomates concassées, le concentré de tomates et les feuilles de laurier à la préparation. Assaisonnez et remettez la viande dans la sauteuse. Couvrez, puis enfournez pour 2 heures, en remuant à mi-cuisson et en ajoutant 1 filet d'eau si nécessaire.

3 Laissez refroidir. Placez le plat jusqu'à 2 jours au réfrigérateur ou 3 mois au congélateur. Si vous le congelez, laissez-le décongeler entièrement au réfrigérateur avant de le réchauffer. Parsemez le plat de coriandre et servez.

• Par portion : 430 Calories – Protéines : 44 g – Glucides : 11 g – Lipides : 23 g (dont 8 g de graisses saturées) – Fibres : 2 g – Sel : 0,46 g – Sucres ajoutés : 8 g.

Ce plat peut se conserver jusqu'à 3 mois au congélateur.

Lasagnes à la bolognaise

Pour 10 personnes
Préparation : 1h30 à 2h

- 4 oignons
- 8 gousses d'ail
- 3 cuill. à soupe d'huile d'olive
- 1 cuill. à soupe de fines herbes séchées
- 2 feuilles de laurier
- 1 kg de bœuf haché
- 800 g de tomates concassées en conserve
- 4 cuill. à soupe de ketchup
- 10 cl de vin rouge
- 250 g de mozzarella
- 18 à 20 feuilles de lasagne fraîches
- 85 g de parmesan râpé
- sel et poivre du moulin

POUR LA BÉCHAMEL

- 200 g de beurre
- 150 g de farine
- 1,5 l de lait
- 1 pincée de noix de muscade

1 Hachez les oignons. Écrasez l'ail. Mettez l'huile à chauffer dans une casserole à feu doux, puis faites revenir les oignons pendant 10 minutes. Ajoutez l'ail, les fines herbes et le laurier, puis prolongez la cuisson de 2 minutes. Transférez cette préparation dans un grand saladier. Faites revenir la viande. Incorporez-la à la préparation, mettez le tout dans la casserole, ajoutez les tomates, le ketchup et le vin, puis laissez mijoter 30 minutes.

2 Préparez la béchamel. Dans une casserole, fouettez le beurre avec la farine. Ajoutez le lait progressivement, sans cesser de fouetter, puis incorporez la noix de muscade et assaisonnez.

3 Préchauffez le four à 180 °C (therm. 6). Hachez la mozzarella. Étalez une couche de viande hachée au fond d'un grand plat allant au four. Nappez d'un peu de béchamel, parsemez de mozzarella, puis couvrez de feuilles de lasagne. Répétez l'opération deux fois en alternant les couches. Couvrez de béchamel et parsemez de parmesan. Enfournez pour 40 minutes.

• Par portion : Calories 847 – Protéines : 43 g – Glucides : 65 g – Lipides : 48 g (dont 25 g de graisses saturées) – Fibres : 5 g – Sel : 1,58 g – Sucres ajoutés : 17 g.

Selon la saison, vous pouvez varier les légumes pour préparer cette recette.

Gratins de pâtes aux légumes

Pour 12 personnes
Préparation et cuisson : 50 min à 1 h

- 7 poivrons
- 6 gousses d'ail
- 500 g de gros champignons de Paris
- 3 cuill. à soupe d'huile d'olive
- 290 g d'olives noires dénoyautées
- 500 g de grosses courgettes
- 1 l de sauce tomate
- 45 cl de bouillon de légumes
- 2 cuill. à café d'origan séché
- 500 g de penne
- 150 g de cheddar vieux râpé
- 85 g de pain sec
- poivre du moulin

POUR LA BÉCHAMEL AU FROMAGE

- 1,5 l de lait
- 140 g de beurre
- 140 g de farine
- 150 g de cheddar vieux râpé

1 Épépinez les poivrons et coupez-les en gros morceaux. Pelez l'ail, puis hachez-le. Coupez les champignons en quatre. Mettez l'huile à chauffer dans une casserole. Faites sauter les poivrons 5 minutes dans l'huile, puis ajoutez l'ail et les champignons. Prolongez la cuisson de 5 minutes. Coupez les courgettes en deux dans le sens de la longueur et détaillez chaque moitié en tranches épaisses. Versez la sauce tomate et le bouillon dans la casserole, puis incorporez les olives, les courgettes et l'origan à la préparation. Poivrez. Laissez mijoter de 10 à 15 minutes en remuant.

2 Préparez la béchamel au fromage. Dans une casserole à feu doux, fouettez le lait avec le beurre et la farine jusqu'à l'obtention d'une sauce épaisse. Incorporez le cheddar à la sauce.

3 Faites cuire les pâtes dans une casserole d'eau bouillante salée. Égouttez-les, puis intégrez-les à la préparation à la tomate et répartissez le tout dans deux ou trois plats à gratin. Tassez, puis couvrez de béchamel et de cheddar. Émiettez le pain au dessus. Réservez jusqu'à 3 mois au congélateur. Pour la cuisson, préchauffez le four à 180 °C (therm. 6) et enfournez pour 20 à 25 minutes.

• Par portion : 551 Calories – Protéines : 21 g – Glucides : 60 g – Lipides : 27 g (dont 13 g de graisses saturées) – Fibres : 4 g – Sel : 1,96 g – Sucres ajoutés : 14 g.

Lorsque vous préparez un plat à congeler qui contient des crevettes, vérifiez que celles-ci n'ont pas déjà été congelées.

Curry de crevettes

Pour 8 personnes
Préparation et cuisson : 40 min

- 1 tige de citronnelle
- 2 poivrons rouges
- 450 g de petites pommes de terre nouvelles
- 1 cuill. à soupe d'huile d'olive
- 4 cuill. à soupe de pâte de curry vert
- 80 cl de lait de coco
- 30 cl de bouillon de volaille
- 5 feuilles de citron vert
- le jus de 1 citron vert
- 1 botte d'oignons nouveaux
- 225 g de petits pois surgelés
- 600 g de grosses crevettes crues
- 2 cuill. à soupe de sauce nam-pla ou nuoc-mâm (à base de poisson)
- 100 g de pousses d'épinards
- 1 bouquet de coriandre

1 Épluchez la citronnelle et ciselez-la. Épépinez les poivrons, puis détaillez-les en grosses lamelles. Coupez les pommes de terre en deux. Mettez l'huile à chauffer dans un wok ou dans une poêle. Faites frire la pâte de curry avec la citronnelle pendant 1 minute. Ajoutez les morceaux de poivrons et de pommes de terre, puis remuez et prolongez la cuisson de 1 ou 2 minutes. Versez le lait de coco et le bouillon de volaille dans le wok. Ajoutez les feuilles de citron vert, puis portez à ébullition et laissez mijoter 15 minutes.

2 Pendant ce temps, émincez les oignons, puis incorporez-les à la préparation avec les petits pois, les crevettes, la sauce nam-pla et le jus de citron. Si vous servez le jour même, ajoutez les épinards et la coriandre, puis laissez cuire 4 minutes et servez.

3 Si vous congelez le curry, laissez-le refroidir. Transvasez-le dans des boîtes hermétiques et réservez jusqu'à 1 mois au congélateur. Laissez-le décongeler au réfrigérateur, puis ajoutez les épinards et la coriandre. Faites réchauffer le tout et servez.

• Par portion : 324 Calories – Protéines : 20 g – Glucides : 18 g – Lipides : 20 g (dont 15 g de graisses saturées) – Fibres : 3 g – Sel : 1,97 g – Sucres ajoutés : 7 g.

Le mot « tajine » désigne le plat creux en terre cuite utilisé pour faire mijoter et servir la recette du même nom.

Tajine de poisson

Pour 8 personnes

Préparation et cuisson : 1 h

- 8 filets de tilapia de 100 g chacun, sans la peau

POUR LA CHERMOULA

- 4 gousses d'ail
- 1 poignée de feuilles de coriandre ciselées
- 2 cuill. à soupe d'huile d'olive
- 4 cuill. à café de cumin en poudre
- 2 cuill. à café de paprika
- 1 cuill. à café de sel
- le jus de 1 citron

POUR LE TAJINE

- 2 gros oignons
- 2 gousses d'ail
- 2 cuill. à soupe d'huile d'olive
- 2 cuill. à café de cumin en poudre
- 2 cuill. à café de paprika
- 1,2 kg de tomates concassées en conserve
- 50 cl de bouillon de poisson
- 175 g d'olives farcies au piment
- le zeste de 1 citron non traité
- 4 poivrons verts
- 500 g de petites pommes de terre nouvelles

1 Préparez la chermoula. Pelez l'ail, puis hachez-le. Réunissez l'ail et le reste des ingrédients dans un bol, puis battez à l'aide d'un fouet.

2 Mettez les filets de poisson dans un plat creux. Arrosez-les de la moitié de la chermoula, puis retournez-les et laissez-les mariner.

3 Pendant ce temps, préparez le tajine. Pelez les oignons et l'ail, puis émincez-les. Mettez l'huile à chauffer dans une poêle. Faites revenir les oignons et l'ail 4 ou 5 minutes, puis saupoudrez de cumin et de paprika. Remuez et prolongez la cuisson de 2 minutes. Ajoutez les tomates, le bouillon, les olives, le zeste de citron et le reste de la chermoula, puis laissez mijoter 10 minutes. Épépinez les poivrons, puis détaillez-les en lamelles. Coupez les pommes de terre en deux. Rassemblez le tout dans la poêle, puis laissez mijoter 15 minutes à couvert. Pour congeler le plat, placez le tajine au réfrigérateur, puis au congélateur, et congelez le poisson à part.

4 Une fois qu'ils sont décongelés, posez les filets de poisson sur le tajine. Laissez cuire de 4 à 6 minutes, puis servez.

• Par portion : 282 Calories – Protéines : 24 g – Glucides : 24 g – Lipides : 11 g (dont 2 g de graisses saturées) – Fibres : 5 g – Sel : 2,76 g – Sucres ajoutés : 7 g.

Vous pouvez remplacer les pommes de terre par du riz blanc.

Bœuf pimenté et pommes de terre

Pour 6 personnes
Préparation et cuisson : 3h à 3h20

- 2 cuill. à soupe de farine
- 800 g de bœuf à braiser
- 4 cuill. à soupe d'huile d'olive
- 30 cl de vin rouge
- 2 oignons rouges
- 2 carottes
- 4 gousses d'ail
- 2 poivrons rouges
- quelques brins de thym
- 1 feuille de laurier
- 1 cuill. à café de cumin en poudre
- 1 cuill. à café de coriandre en poudre
- 1/2 cuill. à café de cannelle en poudre
- 1/2 cuill. à café de piment en poudre
- 2 cuill. à café de sucre en poudre
- 800 g de tomates concassées en conserve
- 25 cl de bouillon de bœuf
- 400 g de haricots rouges en conserve
- 1 kg de pommes de terre
- 20 g de beurre
- 1 cuill. à soupe de feuilles de thym
- sel et poivre du moulin

1 Dans un saladier, salez et poivrez la farine. Coupez le bœuf en dés, puis roulez-les dans la farine. Mettez 1 cuillerée à soupe d'huile à chauffer dans une grande casserole. Faites revenir le bœuf, puis réservez-le. Versez 20 cl de vin dans la casserole, raclez le fond et versez le tout sur la viande.

2 Pelez les oignons, les carottes et l'ail, puis hachez-les. Épépinez les poivrons et coupez-les en gros morceaux. Versez le reste de l'huile dans la casserole, puis faites frire les légumes avec le thym et la feuille de laurier 10 minutes. Ajoutez les épices, puis arrosez du reste du vin et laissez cuire jusqu'à ce qu'il ait réduit de moitié. Incorporez le sucre, les tomates, le bœuf et le bouillon. Laissez mijoter de 1h30 à 2 heures. Égouttez les haricots rouges, puis rincez-les. Intégrez-les et laissez refroidir.

3 Tranchez les pommes de terre et faites-les cuire 5 minutes dans une casserole d'eau bouillante, puis égouttez-les. Transférez le ragoût dans un plat allant au four, puis couvrez de tranches de pommes de terre et parsemez le plat du beurre et des feuilles de thym. À ce stade, vous pouvez laisser refroidir le ragoût, puis le conserver jusqu'à 1 mois au congélateur. Préchauffez le four à 180 °C (therm. 6). Enfournez et laissez cuire de 50 minutes à 1 heure.

• Par portion : 584 Calories – Protéines : 38 g – Glucides : 55 g – Lipides : 23 g (dont 8 g de graisses saturées) – Fibres : 8 g – Sel : 1,27 g – Sucres ajoutés : 16 g.

Le carvi est une plante aromatique proche du cumin (d'où son autre nom « cumin des prés »).

Boulettes de viande et carottes à la feta

Pour 8 personnes
Préparation et cuisson : 1 h 30

- 900 g de porc haché
- 140 g de chapelure
- 1 œuf
- 1 cuill. à soupe de graines de carvi
- 4 cuill. à café de cumin en poudre
- 2 cuill. à café de sel
- 750 g de carottes
- 4 cuill. à soupe d'huile d'olive
- 3 oignons
- 1 morceau de gingembre de 5 cm
- 70 cl de sauce tomate
- 800 g de tomates concassées en conserve
- 2 cuill. à soupe de sucre en poudre
- 200 g de feta
- 20 g de persil
- poivre du moulin

1 Préchauffez le four à 200 °C (therm. 6-7). Dans un saladier, mélangez le porc avec 50 g de chapelure, l'œuf, les graines de carvi, la moitié du cumin, le sel et beaucoup de poivre. Façonnez 30 boulettes, puis mettez-les dans un plat allant au four. Pelez les carottes et coupez-les en longs bâtonnets. Disposez-les dans un autre plat allant au four. Versez 2 cuillerées à soupe d'huile dans chaque plat, puis remuez. Enfournez pour 30 à 40 minutes en agitant les plats à mi-cuisson.

2 Pendant ce temps, pelez les oignons et le gingembre, puis mettez-les dans le bol d'un robot et mixez-les. Versez un filet d'huile dans une casserole, puis faites frire la pâte obtenue en remuant. Incorporez la sauce tomate, les tomates et le sucre. Assaisonnez, puis laissez mijoter 15 minutes.

3 Mélangez les boulettes de viande et les carottes dans les plats. Nappez de sauce tomate, puis réservez au congélateur si vous le souhaitez. Faites décongeler la préparation au réfrigérateur. Préchauffez le four à 180 °C (therm. 6). Émiettez la feta et ciselez le persil dans un saladier, puis ajoutez le reste de chapelure et mélangez. Parsemez les plats du mélange, puis enfournez pour 20 minutes.

• Par portion : 488 Calories – Protéines : 33 g – Glucides : 38 g – Lipides : 24 g (dont 8 g de graisses saturées) – Fibres : 5 g – Sel : 1,85 g – Sucres ajoutés : 19 g.

2dl
1dl

En italien, *cannelloni* signifie littéralement « gros tuyaux ».

Cannellonis au bœuf

Pour 12 personnes
Préparation et cuisson : 1 h 30 à 1 h 40

- 1 kg de bœuf maigre haché
- 1 gros oignon
- 1 cuill. à soupe d'huile d'olive
- 4 gousses d'ail
- 1,2 l de sauce tomate au basilic
- 1 grosse pincée de sucre en poudre
- 400 g de tubes de cannelloni
- 140 g de parmesan râpé
- sel et poivre du moulin

POUR LA BÉCHAMEL
- 50 g de beurre
- 50 g de farine
- 60 cl de lait entier
- 140 g de fromage à tartiner à l'ail et aux fines herbes

1 Faites sauter le bœuf à sec dans une poêle antiadhésive à feu moyen ou vif, puis réservez-le dans une assiette. Pelez l'oignon et l'ail, puis hachez-les. Versez l'huile dans la poêle et faites revenir l'oignon 5 minutes. Ajoutez l'ail. Remettez le bœuf dans la poêle avec 1 l de sauce tomate et le sucre, puis laissez mijoter 20 minutes.

2 Pendant ce temps, préparez la béchamel. Faites fondre le beurre dans une casserole. Incorporez la farine, puis ajoutez le lait progressivement sans cesser de remuer. Laissez bouillonner 2 minutes en remuant constamment. Ôtez du feu, puis incorporez le fromage à la sauce et assaisonnez. Couvrez d'un film alimentaire et réservez.

3 Répartissez le reste de la sauce tomate au fond de deux ou trois plats allant au four. Garnissez les tubes de cannelloni de viande hachée et déposez-les sur la sauce tomate, puis couvrez de béchamel et de parmesan. À ce stade, vous pouvez laisser refroidir, puis placer les plats au congélateur.

4 Faites décongeler les cannellonis. Préchauffez le four à 180 °C (therm. 6) et enfournez pour 40 minutes.

• Par portion : 479 Calories – Protéines : 31 g – Glucides : 39 g – Lipides : 23 g (dont 12 g de graisses saturées) – Fibres : 2 g – Sel : 1,28 g – Sucres ajoutés : 9 g.

Ce curry est encore meilleur lorsqu'il est préparé la veille, car sa sauce aux épices et à l'ail développe davantage ses saveurs.

Curry de porc aux pois chiches

Pour 8 à 10 personnes
Préparation et cuisson : 2h10 à 2h30
Marinade : 15 min

- 1,5 kg d'épaule de porc
- 3 gros oignons rouges
- 3 ou 4 cuill. à soupe d'huile végétale
- 2 poivrons rouges
- 400 g de tomates concassées en conserve
- 2 cuill. à café de sucre roux
- 800 g de pois chiches en conserve
- 45 cl de bouillon de volaille
- sel

POUR LA MARINADE

- 2 têtes d'ail
- 1 ½ cuill. à café de poivre noir en grains
- 2 cuill. à café de graines de fenouil
- 1 cuill. à café de graines de coriandre
- 2 cuill. à café de graines de cumin
- 1 cuill. à café de piment en poudre
- 1/2 cuill. à café de curcuma
- 10 cl de vinaigre de vin rouge

1 Préparez la marinade. Pelez l'ail, puis séparez les gousses et mettez-les dans le bol d'un robot avec tous les autres ingrédients sauf le vinaigre. Mixez, puis ajoutez le vinaigre en filet sans cesser de mixer. Coupez le porc en dés de 2,5 cm de côté, puis mettez-les dans un saladier avec la pâte d'épices. Remuez et laissez mariner 15 minutes.

2 Préchauffez le four à 130 °C (therm. 4-5). Pelez les oignons, puis hachez-les. Mettez l'huile à chauffer dans une poêle allant au four et faites frire les oignons jusqu'à ce qu'ils soient translucides. Ajoutez le porc, augmentez le feu, puis prolongez la cuisson jusqu'à ce que l'ensemble brunisse. Épépinez les poivrons et hachez-les. Incorporez-les à la préparation avec les tomates et le sucre, puis laissez cuire 10 minutes. Égouttez les pois chiches et rincez-les. Intégrez-les au curry avec le bouillon, puis assaisonnez. Portez à petite ébullition à couvert, puis enfournez pour 1h30.

3 Servez avec du riz ou laissez refroidir, puis répartissez le curry dans des boîtes et conservez-les jusqu'à 5 mois au congélateur. Pour servir, décongelez le nombre de portions voulu, puis réchauffez-les.

• Par portion : 491 Calories – Protéines : 33 g – Glucides : 19 g – Lipides : 31 g (dont 9 g de graisses saturées) – Fibres : 4 g – Sel : 0,80 g – Sucres ajoutés : 8 g.

Ce plat copieux se conserve 3 mois au congélateur.

Bœuf bourguignon

Pour 6 personnes
Préparation et cuisson : 4h
Marinade : 12h

- 1,5 kg de bœuf à braiser
- 2 cuill. à soupe d'huile végétale
- 3 grosses ou 6 petites carottes
- 2 oignons
- 3 cuill. à soupe de farine
- 1 cuill. à soupe de concentré de tomates
- 500 g d'oignons perles ou de petites échalotes
- 400 g de champignons
- 1 petite noix de beurre
- 300 g de lardons

POUR LA MARINADE
- 3 feuilles de laurier
- 1 petit bouquet de thym
- 2 bouteilles de vin rouge

POUR SERVIR
- 1 cuill. à soupe de persil haché

1 La veille, préparez la marinade. Dans un saladier, réunissez tous les ingrédients. Coupez le bœuf en gros morceaux, puis mettez-les dans la marinade. Couvrez et réservez au réfrigérateur 1 nuit entière.

2 Le jour même, préchauffez le four à 180 °C (therm. 6). Égouttez la viande et réservez la marinade. Mettez la moitié de l'huile à chauffer dans une poêle. Faites dorer les morceaux de bœuf, puis réservez-les dans un saladier. Ajoutez un peu de marinade dans la poêle. Laissez bouillonner brièvement et versez le tout sur la viande.

3 Mettez le reste de l'huile à chauffer dans une cocotte. Pelez les carottes et les oignons, puis émincez-les. Faites-les frire dans la cocotte, puis incorporez la farine et le concentré de tomates. Ajoutez le bœuf et la marinade. Portez à ébullition, puis enfournez pour 2 heures. Laissez refroidir et mettez le plat au congélateur si vous le souhaitez.

4 Laissez décongeler le plat, puis réchauffez-le. Pelez les oignons perles et coupez en deux les champignons. Mettez le beurre à chauffer dans une poêle, puis faites frire les oignons, les lardons et les champignons. Incorporez le mélange au bœuf bourguignon, parsemez de persil et servez.

• Par portion : 767 Calories – Protéines : 67 g – Glucides : 16 g – Lipides : 39 g (dont 16 g de graisses saturées) – Fibres : 4 g – Sel : 2,09 g – Sucres ajoutés : 11 g.

Cette sauce peut se préparer un jour à l'avance et se conserver au réfrigérateur, mais veillez à la servir à température ambiante.

Purée d'aubergine fumée

Pour 8 personnes
Préparation et cuisson : 40 min

- 2 aubergines
- 1 piment vert
- 100 g de yaourt nature
- le jus de 1/2 citron
- 1 gousse d'ail
- 1 cuill. à café de coriandre en poudre
- 1 filet d'huile d'olive
- sel et poivre du moulin

POUR SERVIR
- quelques poppadum (dans les épiceries asiatiques)

1 Allumez un barbecue ou mettez à chauffer un gril à feu vif, puis faites griller les aubergines jusqu'à ce que la peau soit noire. Transférez-les dans un saladier et laissez-les refroidir. Pelez-les, puis hachez la chair.

2 Hachez le piment. Mettez-le dans le bol d'un robot avec la chair d'aubergine, le yaourt, le jus de citron, l'ail, la coriandre et l'huile d'olive. Assaisonnez, puis mixez jusqu'à l'obtention d'un mélange homogène. Transvasez-le dans un bol et arrosez-le d'huile d'olive. Servez avec des poppadum.

• Par portion : 65 Calories – Protéines : 2 g – Glucides : 4 g – Lipides : 5 g (dont 1 g de graisses saturées) – Fibres : 2 g – Sel : 0,04 g – Sucres ajoutés : 3 g.

Plonger les haricots verts dans l'eau froide une fois cuits permet d'en interrompre instantanément la cuisson.

Salade de poivrons et de haricots

Pour 8 personnes
Préparation et cuisson : 40 min

- 2 poivrons jaunes
- 2 poivrons rouges
- 300 g de haricots verts
- 300 g de tomates cerises
- 1 cuill. à soupe de petites câpres
- 2 poignées d'olives noires dénoyautées
- 4 cuill. à soupe d'huile d'olive
- 1 cuill. à soupe de vinaigre de vin rouge
- 1 gros bouquet de basilic

1 Faites chauffer un barbecue ou un gril. Faites griller les poivrons de tous les côtés jusqu'à ce qu'ils soient noirs, puis mettez-les dans un saladier et couvrez-le d'un film alimentaire. Laissez refroidir. Pelez les poivrons, puis épépinez-les et coupez la chair en lamelles en conservant le jus.

2 Équeutez les haricots verts et retirez les fils. Faites cuire les haricots dans une casserole d'eau bouillante salée, assez brièvement pour qu'ils restent croquants, puis plongez-les sans attendre dans de l'eau froide. Coupez les tomates cerises en deux. Mettez-les dans un saladier avec les haricots verts, les lamelles de poivrons, les câpres, les olives, l'huile et le vinaigre. Vous pouvez conserver cette salade 2 heures à température ambiante ou 1 nuit entière au réfrigérateur.

3 Si vous avez réservé la salade au frais, sortez-la du réfrigérateur quelques heures avant de servir. Au moment de servir, effeuillez le basilic. Ciselez les feuilles les plus grandes, puis incorporez-les à la salade. Parsemez le plat des feuilles les plus petites et servez.

• Par portion : 102 Calories – Protéines : 2 g – Glucides : 7 g – Lipides : 8 g (dont 1 g de graisses saturées) – Fibres : 3 g – Sel : 0,27 g – Sucres ajoutés : 6 g.

Pourquoi ne pas préparer cette recette originale pour un pique-nique gourmand ?

Pilons de poulet au bacon

Pour 12 pilons
Préparation et cuisson : 1 h

- 1 citron
- 2 gousses d'ail
- 12 pilons de poulet
- 12 tranches de bacon fumé
- sel et poivre du moulin

POUR SERVIR
- quelques morceaux de baguette (facultatif)
- quartiers de citron

1 Préchauffez le four à 180 °C (therm. 6). Pressez le citron au-dessus d'un bol. Pelez l'ail, puis écrasez-le et mélangez-le avec le jus de citron, du sel et du poivre. Piquez plusieurs fois les pilons à l'aide de la pointe d'un couteau, puis arrosez-les de la moitié du jus de citron à l'ail. Enveloppez chaque pilon d'une tranche de bacon et déposez-les en une couche dans un plat allant au four. Arrosez du reste du jus de citron à l'ail.

2 Enfournez, puis laissez cuire de 45 à 50 minutes. Si vous souhaitez que le bacon soit croustillant, réglez le gril du four à température maximale et glissez brièvement le plat dessous.

3 Laissez refroidir, puis réservez au réfrigérateur jusqu'au moment de servir. Les pilons au bacon peuvent se conserver 2 jours au réfrigérateur. Servez avec de la baguette, si vous le souhaitez, et des quartiers de citron.

• Par portion (2 pilons par personne) : 286 Calories – Protéines : 34 g – Pas de glucides – Lipides : 17 g (dont 6 g de graisses saturées) – Pas de fibres – Sel : 1,45 g – Pas de sucres ajoutés.

Le secret pour obtenir des friands légers consiste à incorporer de l'eau à la chair à saucisse afin de cuire la pâte « à la vapeur » de l'intérieur.

Mini-friands à la saucisse

Pour 20 mini-friands
Préparation et cuisson : 50 min à 1 h

- 375 g de pâte feuilletée étalée en rectangle
- 1 œuf

POUR LA GARNITURE
- 1/2 petite gousse d'ail
- 1 poignée de persil
- 3 cuill. à soupe d'eau froide
- 400 g de chair à saucisse ou de saucisses sans la peau
- sel et poivre du moulin

1 Préparez la garniture. Préchauffez le four à 180 °C (therm. 6). Pelez l'ail et mettez-le dans un mortier avec un peu de sel, puis pilez le tout. Hachez le persil. Ajoutez-le dans le mortier avec l'eau et mélangez l'ensemble. Mettez la chair à saucisse dans le bol d'un robot, puis mixez à vitesse rapide. Incorporez la préparation à base d'ail et poivrez.

2 Coupez la pâte feuilletée en deux dans le sens de la longueur. Divisez la garniture en deux parts égales, puis répartissez-les sur les morceaux de pâte en formant un boudin à 1 cm d'un des bords longs de chaque bande de pâte. Battez l'œuf dans un bol. Badigeonnez les bords de la pâte d'œuf battu, puis appuyez pour les souder. Coupez chaque cylindre en 10 morceaux de 2,5 cm et transférez-les sur une plaque de cuisson. Si vous le souhaitez, réservez tels quels les mini-friands jusqu'à 1 mois au congélateur.

3 Badigeonnez de nouveau la pâte d'œuf battu, puis enfournez et laissez cuire de 25 à 30 minutes, ou de 35 à 40 minutes, si vous avez congelé les friands. Servez chaud ou froid.

• Par portion : 136 Calories – Protéines : 4 g – Glucides : 9 g – Lipides : 10 g (dont 4 g de graisses saturées) – Pas de fibres – Sel : 0,52 g – Sucres ajoutés : 1 g.

Faites cuire les tomates cerises au four avant de les intégrer à la tarte afin qu'elles s'assèchent et ne détrempent pas la pâte.

Tarte aux tomates cerises et au parmesan

Pour 8 personnes
Préparation et cuisson : 1 h 05 1 h 15
Réfrigération : 20 min

- 500 g de pâte brisée prête à l'emploi
- 300 g de tomates cerises
- 1 filet d'huile d'olive
- 1 poignée de feuilles de basilic
- 2 œufs
- 30 cl de crème fraîche épaisse
- 50 g de parmesan râpé
- sel et poivre du moulin

1 Préchauffez le four à 180 °C (therm. 6). Déroulez la pâte brisée et mettez-la dans un moule à tarte de 25 cm de diamètre. Laissez reposer le fond de tarte au réfrigérateur pendant 20 minutes.

2 Placez les tomates cerises dans un plat allant au four. Arrosez-les d'un filet d'huile d'olive, puis placez-les en bas du four.

3 Piquez légèrement le fond de tarte à l'aide d'une fourchette. Couvrez la pâte de papier sulfurisé puis de haricots secs, et enfournez pour 20 minutes. Ôtez les haricots secs et le papier sulfurisé, puis enfournez de nouveau pour 5 à 10 minutes. Sortez les tomates cerises du four.

4 Hachez les trois quarts du basilic. Mélangez les œufs, la crème et le basilic haché dans un saladier, puis assaisonnez. Répartissez les tomates et la moitié du parmesan sur le fond de tarte. Versez la préparation à base d'œufs, puis parsemez du reste du parmesan. Enfournez pour 20 à 25 minutes. Laissez refroidir, démoulez, parsemez de basilic et servez.

• Par portion : 494 Calories – Protéines : 9 g – Glucides : 29 g – Lipides : 39 g (dont 22 g de graisses saturées) – Fibres : 2 g – Sel : 0,48 g – Sucres ajoutés : 2 g.

Cette recette au goût sucré-salé est originaire du Québec.

Jambon glacé

Pour 8 personnes
Préparation et cuisson : 3h30

- 1 jambon non fumé désossé de 3,5 à 4 kg
- 1 orange non traitée
- 1 bâton de cannelle
- 1 poignée de clous de girofle

POUR LE GLAÇAGE

- 1 orange non traitée
- 2 cuill. à soupe de moutarde à l'ancienne
- 85 g de sirop d'érable

POUR SERVIR

- haricots verts
- quelques fines rondelles d'oignons rouges

1 Préchauffez le four à 160 °C (therm. 5-6). Mettez le jambon dans un plat allant au four, côté peau dessus. Ajoutez assez d'eau pour couvrir le fond du plat. Détaillez l'orange en quartiers. Répartissez-les autour du jambon avec la cannelle. Couvrez d'une feuille d'aluminium, puis enfournez pour 2h30.

2 Pendant ce temps, préparez le glaçage. Râpez le zeste de l'orange et pressez le fruit. Dans un bol, mélangez la moutarde avec le sirop d'érable, le zeste d'orange et assez de jus d'orange pour obtenir un glaçage plutôt liquide.

3 Sortez le jambon du four, puis baissez la température à 200 °C (therm. 6-7). Retirez la feuille d'aluminium et laissez légèrement refroidir. Jetez le jus de cuisson, puis retirez délicatement la peau du jambon en laissant une couche de graisse régulière. Incisez la graisse en croisillons. Badigeonnez-la de glaçage et plantez les clous de girofle à l'intérieur.

4 Enfournez pour 30 minutes. Ce jambon glacé peut se conserver 1 nuit entière à température ambiante ou 3 jours au réfrigérateur. Découpez-le en tranches, puis servez avec des haricots verts, des oignons rouges et le reste du glaçage.

• Par portion : 707 Calories – Protéines : 78 g – Glucides : 6 g – Lipides : 42 g (dont 16 g de graisses saturées) – Pas de fibres – Sel : 9,97 g – Sucres ajoutés : 6 g.

Le riz rouge est cultivé en Camargue. Il s'agit d'un riz complet qui doit sa couleur à une mutation naturelle.

Salade de riz rouge au poulet

Pour 6 personnes (lors d'un buffet)
Préparation et cuisson : 45 min

- 250 g de riz rouge de Camargue (ou de riz sauvage ou complet)
- 1 petit poulet rôti
- 50 g d'amandes entières
- 1 concombre
- 1 botte d'oignons nouveaux
- 100 g de feta
- 1 grenade
- 1 petite poignée d'aneth

POUR LA VINAIGRETTE

- 2 citrons non traités
- 4 cuill. à soupe d'huile d'olive
- 1 pincée de sucre en poudre
- sel et poivre du moulin

1 Faites cuire le riz dans une casserole d'eau bouillante salée pendant 30 minutes.

2 Pendant ce temps, préparez la vinaigrette. Râpez le zeste des citrons et pressez les fruits. Dans un bocal, réunissez tous les ingrédients, puis fermez le bocal et secouez.

3 Retirez la peau du poulet et détaillez la chair en lamelles. Faites griller les amandes à sec dans une poêle antiadhésive, puis hachez-les. Épépinez le concombre et coupez-le en morceaux. Hachez les oignons, puis émiettez la feta. Prélevez les graines de la grenade.

4 Égouttez le riz, puis mettez-le dans un saladier. Incorporez la vinaigrette et laissez reposer quelques minutes. Ajoutez le poulet, les amandes, le concombre, les oignons, la feta et les graines de grenade, puis remuez délicatement. Si vous le souhaitez, couvrez et réservez au réfrigérateur jusqu'à 1 nuit entière. Au moment de servir, hachez finement l'aneth, puis incorporez-le à la salade.

• Par portion : 922 Calories – Protéines : 69 g – Glucides : 56 g – Lipides : 48 g (dont 13 g de graisses saturées) – Fibres : 3 g – Sel : 4,07 g – Sucres ajoutés : 8 g.

Cette salade est aussi bonne chaude que froide
et se conserve 2 jours au réfrigérateur.

Salade d'orge à la courge butternut

Pour 8 personnes
Préparation et cuisson : 30 min

- 1 courge butternut
- 1 cuill. à soupe d'huile d'olive
- 250 g d'orge perlé (dans les magasins d'alimentation biologique)
- 300 g de brocolis
- 100 g de tomates séchées
- 1 oignon rouge
- 1 cuill. à soupe de câpres
- 1 bouquet de basilic
- 2 cuill. à soupe de graines de citrouille
- 15 olives noires dénoyautées

POUR LA VINAIGRETTE
- 1 gousse d'ail
- 5 cuill. à soupe de vinaigre balsamique
- 6 cuill. à soupe d'huile d'olive vierge extra
- 1 cuill. à soupe de moutarde de Dijon
- sel et poivre du moulin

1 Préchauffez le four à 180 °C (therm. 6). Pelez la courge, évidez-la, coupez-la en quartiers et mettez-les sur une plaque de cuisson. Arrosez d'huile d'olive, puis enfournez pour 20 minutes. Faites cuire l'orge perlé dans une casserole d'eau bouillante salée pendant 25 minutes.

2 Préparez la vinaigrette. Écrasez l'ail, puis mélangez-le dans un bol avec le vinaigre, l'huile, la moutarde. Battez à l'aide d'un fouet, salez et poivrez. Égouttez l'orge et transférez-le dans un saladier de service. Arrosez de vinaigrette, remuez, puis laissez refroidir.

3 Détaillez les brocolis en bouquets, coupez les tomates séchées en lamelles et l'oignon rouge en dés. Rincez les câpres, puis effeuillez le basilic et hachez ses feuilles. Faites cuire les brocolis dans une casserole d'eau bouillante salée jusqu'à ce qu'ils soient tendres, puis égouttez-les, rincez-les à l'eau froide et égouttez de nouveau. Rassemblez tous ces ingrédients dans le saladier avec les morceaux de courge, les graines de citrouille et les olives, puis mélangez.

• Par portion : 301 Calories – Protéines : 6 g – Glucides : 40 g – Lipides : 14 g (dont 2 g de graisses saturées) – Fibres : 4 g – Sel : 0,55 g – Sucres ajoutés : 9 g.

Vous pouvez faire cuire le poulet au moins un jour à l'avance, mais découpez-le au dernier moment pour éviter qu'il ne sèche.

Poulet au citron et au miel

❄ Pour 6 à 8 personnes
Préparation et cuisson : 1 h

- 6 à 8 blancs de poulet sans la peau
- 2 citrons non traités
- 2 cuill. à soupe de miel liquide
- 2 cuill. à soupe d'huile d'olive
- sel et poivre du moulin

POUR SERVIR
- feuilles de laitue

1 Préchauffez le four à 170 °C (therm. 5-6). Placez les blancs de poulet dans un plat allant au four. Râpez le zeste des citrons et pressez l'un des fruits. Dans un bol, mélangez le miel avec le zeste et le jus de citron, l'huile d'olive, du sel et du poivre. Versez la préparation sur les blancs de poulet, puis retournez-les pour les enduire de sauce.

2 Enfournez et laissez cuire de 40 à 45 minutes en retournant le poulet à mi-cuisson et en l'arrosant régulièrement de jus de cuisson. Laissez refroidir, puis couvrez d'une feuille d'aluminium et réservez au réfrigérateur jusqu'au moment de servir ou, si vous le souhaitez, jusqu'à 1 mois au congélateur.

3 Si le poulet est congelé, faites-le entièrement décongeler au réfrigérateur. Découpez les blancs de poulet en tranches sans les dissocier, puis répartissez-les sur les feuilles de laitue dans un plat et servez.

• Par portion (pour 6 personnes) : 229 Calories – Protéines : 40 g – Glucides : 5 g – Lipides : 6 g (dont 1 g de graisses saturées) – Pas de fibres – Sel : 0,26 g – Sucres ajoutés : 4 g.

L'oignon placé dans le ventre du saumon sert à parfumer sa chair mais ne doit pas être consommé, car il est à peine cuit.

Saumon en papillote

Pour 10 personnes
Préparation et cuisson : 1 h 20

- 1 filet d'huile d'olive
- 1 saumon de 3,5 kg, nettoyé et vidé
- 1 petit oignon
- 4 feuilles de laurier
- 1 poignée d'aneth
- 6 cuill. à soupe de vin blanc sec
- sel et poivre du moulin

POUR LA GARNITURE

- 1 concombre
- 1 bouquet de cresson
- quelques quartiers de citron
- aneth

1 Préchauffez le four à 130 °C (therm. 4-5). Huilez une grande feuille d'aluminium et placez le saumon dessus. Pelez l'oignon, puis émincez-le et mettez-le dans le ventre du poisson avec les feuilles de laurier et l'aneth. Arrosez de vin et assaisonnez. Rabattez la feuille d'aluminium sur le poisson, puis fermez la papillote sans serrer et transférez-la sur une plaque de cuisson. Enfournez pour 1 heure. Si vous le souhaitez, faites cuire le poisson la veille et réservez-le au réfrigérateur.

2 Laissez refroidir la papillote sans l'ouvrir, puis ouvrez-la. Retirez la peau et les nageoires du dessus. Coupez éventuellement la tête du poisson, puis transférez le poisson dans un plat.

3 Préparez la garniture. Pelez et épépinez le concombre, puis détaillez-le en morceaux et ajoutez-les dans le plat avec le cresson et les quartiers de citron. Ciselez l'aneth, puis parsemez-en le plat. Servez.

• Par portion : 612 Calories – Protéines : 45 g – Glucides : 2 g – Lipides : 47 g (dont 8 g de graisses saturées) – Fibres : 2 g – Sel : 0,49 g – Sucres ajoutés : 1 g.

Cette tarte peut se préparer un jour à l'avance.

Tarte au fromage et aux oignons

Pour 8 personnes
Préparation et cuisson : 1 h 20

- 375 g de pâte brisée
- 75 g de parmesan râpé
- 4 cuill. à soupe de chutney d'oignons
- 50 g de beurre
- 50 g de farine
- 30 cl de lait
- 300 g de fromage de chèvre frais
- 1 cuill. à soupe de feuilles de thym
- 3 œufs

1 Préchauffez le four à 180 °C (therm. 6). Étalez la pâte en un disque d'environ 20 cm de diamètre. Parsemez-la d'un tiers du parmesan, puis continuez à l'étaler et disposez-la dans un moule à tarte à fond amovible de 22 cm de diamètre, en la laissant déborder sur les bords. Couvrez la pâte de haricots secs. Enfournez pour 20 minutes, puis retirez les haricots et enfournez de nouveau pour 10 minutes.

2 Étalez le chutney d'oignons sur le fond de tarte. Faites fondre le beurre dans une casserole à feu doux, puis incorporez la farine et laissez cuire 2 minutes. Ajoutez lentement le lait dans la casserole sans cesser de remuer, jusqu'à l'obtention d'une sauce épaisse. Ôtez du feu.

3 Émiettez 200 g de fromage de chèvre au-dessus de la casserole. Ajoutez le thym et le reste du parmesan, puis fouettez jusqu'à ce que le fromage ait fondu. Cassez les œufs un par un en mettant les blancs dans un saladier et les jaunes dans la casserole. Montez les blancs d'œufs en neige ferme, puis intégrez-les progressivement à la préparation au fromage. Versez le tout sur le chutney. Émiettez le reste du fromage de chèvre sur la tarte, puis enfournez pour 30 minutes. Laissez refroidir. Démoulez, puis servez.

• Par portion : 456 Calories – Protéines : 16 g – Glucides : 32 g – Lipides : 30 g (dont 15 g de graisses saturées) – Fibres : 1 g – Sel : 1,38 g – Sucres ajoutés : 5 g.

C'est en général la tige de la ciboulette que l'on utilise, mais son bulbe est également délicieux, surtout s'il est charnu.

Salade de pommes de terre et frisée

Pour 10 personnes
Préparation et cuisson : 40 à 45 min

- 1,5 kg de petites pommes de terre nouvelles
- 1 bouquet de ciboulette
- 1 frisée

POUR LA SAUCE

- 1 cuill. à soupe de farine
- 4 cuill. à café de sucre en poudre
- 2 cuill. à café de moutarde en poudre
- 2 œufs
- 10 cl de vinaigre de vin blanc
- 15 cl de crème fraîche épaisse
- 1 filet de jus de citron
- sel et poivre du moulin

1 Faites cuire les pommes de terre dans une casserole d'eau bouillante salée pendant 15 minutes. Égouttez-les dans une passoire, puis laissez-les reposer de 5 à 10 minutes.

2 Préparez la sauce. Dans un saladier résistant à la chaleur, mélangez la farine avec le sucre, la moutarde, du sel et du poivre. Ajoutez les œufs et le vinaigre. Placez le saladier sur une casserole d'eau frémissante en veillant à ce qu'il ne touche pas l'eau, puis faites cuire au bain-marie de 5 à 10 minutes sans cesser de remuer, jusqu'à ce que la sauce nappe le dos d'une cuillère en bois. Laissez refroidir, puis ajoutez de la crème fraîche et du jus de citron. Couvrez et réservez au réfrigérateur. Cette sauce peut se conserver 2 jours au réfrigérateur.

3 Ciselez la ciboulette. Mettez les trois quarts de la ciboulette dans un saladier, puis ajoutez les pommes de terre et la sauce. Remuez avec soin. Détaillez la frisée en petits morceaux, puis tapissez-en un plat ou un saladier de service et ajoutez les pommes de terre, puis parsemez du reste de la ciboulette.

• Par portion : 266 Calories – Protéines : 6 g – Glucides : 34 g – Lipides : 13 g (dont 6 g de graisses saturées) – Fibres : 2 g – Sel : 0,13 g – Sucres ajoutés : 5 g.

Cette tourte typiquement anglaise (son nom anglais est *fidget pie*) peut être préparée un jour à l'avance.

Tourte au porc et aux pommes

Pour 8 personnes
Préparation et cuisson : 2 h

- 4 feuilles de sauge ciselées
- 500 g de porc haché
- 12,5 cl de cidre demi-sec
- 1 cuill. à café de sel
- 1 pincée de macis en poudre (dans les épiceries fines)
- 1 cuill. à soupe de sucre roux
- 100 g de bacon
- 225 g de pommes
- 225 g d'oignons
- 1 grosse pomme de terre
- 1 œuf battu

POUR LA PÂTE
- 500 g de farine
- 1 cuill. à café de sel
- 140 g de saindoux
- 20 cl d'eau

1 Préparez la pâte. Réunissez la farine et le sel dans un saladier. Mettez le saindoux et l'eau à chauffer dans une casserole, puis remuez jusqu'à ce que le saindoux ait fondu. Incorporez le tout à la farine. Farinez le plan de travail, puis placez la pâte dessus et pétrissez-la. Couvrez et réservez.

2 Dans un saladier, réunissez la sauge, le porc, le cidre, le sel, le macis et le sucre. Hachez le bacon. Pelez et râpez les pommes, les oignons et la pomme de terre. Ajoutez-les dans le saladier et malaxez.

3 Préchauffez le four à 180 °C (therm. 6). Placez un disque de papier sulfurisé au fond d'un moule à charnière à fond amovible de 22 cm de diamètre et beurrez le bord. Étalez les deux tiers de la pâte. Tapissez-en le moule. Étalez le reste de la pâte en un cercle du diamètre de la tourte.

4 Posez la préparation sur la pâte et tassez-la. Humidifiez le bord de la pâte avec de l'eau, puis ajoutez le disque de pâte du dessus et pincez les bords pour les souder. Battez l'œuf dans un bol. Badigeonnez la pâte d'œuf battu, puis enfournez pour 1 heure. Arrêtez le four et laissez la tourte 30 minutes à l'intérieur. Laissez refroidir, puis servez.

• Par portion : 578 Calories – Protéines : 22 g – Glucides : 61 g – Lipides : 29 g (dont 12 g de graisses saturées) – Fibres : 3 g – Sel : 1,80 g – Sucres ajoutés : 8 g.

Ce cake aux légumes peut se faire avec du gruyère ou du beaufort.

Cake aux asperges, aux tomates et au fromage

Pour 10 tranches

Préparation et cuisson : 55 min à 1 h

- 250 g de pointes d'asperges
- 200 g de farine
- 1 cuill. à café de levure
- 1 cuill. à soupe de feuilles de thym
- 3 gros œufs
- 10 cl de lait
- 10 cl d'huile d'olive
- 100 g de tomates séchées
- 1 poignée d'olives noires dénoyautées
- 100 g de gruyère ou de beaufort râpé
- sel et poivre du moulin

1 Préchauffez le four à 170 °C (therm. 5-6). Huilez le fond d'un moule à cake, puis tapissez-le de papier sulfurisé. Coupez chaque asperge en 3 tronçons et faites-les cuire dans de l'eau bouillante salée pendant 2 minutes. Égouttez, puis rafraîchissez les asperges brièvement sous l'eau froide. Essuyez-les à l'aide de papier absorbant.

2 Dans un saladier, mélangez la farine avec la levure, le thym, du sel et du poivre, puis formez un puits au centre. Battez les œufs légèrement dans un bol et versez-les au centre du puits sans cesser de battre. Incorporez le lait et l'huile en fouettant constamment.

3 Hachez grossièrement les tomates. Réservez 5 pointes d'asperges et quelques olives, puis incorporez le reste à la pâte avec les tomates et les deux tiers du gruyère. Versez la préparation dans le moule. Ajoutez les pointes d'asperges et les olives réservées, puis parsemez du reste du gruyère. Enfournez pour 35 à 40 minutes. Faites refroidir 5 minutes dans le moule, puis démoulez sur une grille et laissez refroidir complètement.

• Par portion : 317 Calories – Protéines : 11 g – Glucides : 22 g – Lipides : 21 g (dont 5 g de graisses saturées) – Fibres : 3 g – Sel : 1,04 g – Sucres ajoutés : 3 g.

Les câpres sont des boutons de fleur de câprier, un arbuste épineux méditerranéen.

Rôti de bœuf et salsa verte

Pour 8 à 10 personnes
Préparation et cuisson : 40 min à 1 h

- 1 cuill. à soupe d'huile d'olive
- 1,5 kg d'aloyau de bœuf
- sel et poivre du moulin

POUR LA SALSA VERTE
- 2 citrons
- 2 cuill. à soupe de câpres
- 1/2 botte d'oignons nouveaux
- 1 petit bouquet de persil
- 2 cuill. à soupe de cornichons
- 4 cuill. à soupe d'huile d'olive vierge extra

POUR SERVIR
- feuilles de roquette

1 Préchauffez le four à 220 °C (therm. 7-8). Huilez le bœuf, puis assaisonnez-le généreusement. Placez-le dans un plat allant au four. Enfournez pour 20 minutes, puis baissez la température du four à 170 °C (therm. 5-6) et prolongez la cuisson de 10 à 15 minutes pour une viande saignante, de 15 à 20 minutes pour une viande cuite à point, de 20 à 25 minutes pour une viande cuite à point à bien cuite et de 25 à 30 minutes pour une viande bien cuite. Sortez le plat du four et laissez refroidir. Le bœuf peut être rôti jusqu'à 2 jours à l'avance.

2 Préparez la salsa verte. Pressez les citrons, puis égouttez les câpres et rincez-les. Hachez-les avec les oignons, le persil et les cornichons. Réunissez le tout dans un saladier. Ajoutez l'huile d'olive, puis assaisonnez et remuez. La salsa peut se préparer jusqu'à 2 jours à l'avance et se conserver au réfrigérateur.

3 Au moment de servir, coupez le bœuf en tranches fines, puis disposez-les sur un plat de service. Parsemez de salsa et de feuilles de roquette.

• Par portion (pour 8 personnes) : 353 Calories – Protéines : 38 g – Glucides : 1 g – Lipides : 22 g (dont 8 g de graisses saturées) – Pas de fibres – Sel : 0,41 g – Pas de sucres ajoutés.

Ce feuilleté peut se préparer un jour à l'avance et se conserver au réfrigérateur. N'hésitez pas à l'épicer selon vos goûts.

Feuilleté aux saucisses et aux œufs

Pour 8 à 10 personnes
Préparation et cuisson : 1 h 15

- 18 œufs de caille
- 650 g de saucisses de Toulouse
- 1 pomme bramley (ou golden)
- 1 petit oignon
- 1 poignée de feuilles de persil plat ciselées
- 1 tranche de jambon de 1 cm d'épaisseur
- 1 filet de Tabasco
- 50 g de chapelure fraîche
- 500 g de pâte feuilletée
- 1 œuf

POUR SERVIR (facultatif)
- moutarde à l'ancienne

1 Faites cuire les œufs 2 minutes 30 dans de l'eau bouillante salée, puis laissez-les légèrement refroidir. Écalez-les et coupez les extrémités.

2 Préchauffez le four à 200 °C (therm. 6-7). Retirez la peau des saucisses. Pelez la pomme et l'oignon, puis râpez-les. Coupez le jambon en dés. Dans un saladier, mélangez la chair des saucisses avec la pomme, l'oignon, le persil, le Tabasco, le jambon et la chapelure. Étalez la pâte en un rectangle de 25 x 35 cm, puis transférez-la sur une plaque de cuisson. Battez l'œuf dans un bol et badigeonnez la pâte d'œuf battu.

3 Étalez les deux tiers de la chair à saucisse le long d'un des bords longs de la pâte, à 2 cm du bord. Tassez la chair à saucisse, puis faites une rainure au milieu avec vos doigts. Déposez-y les œufs, couvrez du reste de la chair à saucisse et tassez le tout. Rabattez la pâte sur la garniture, puis pressez les bords pour les souder. Badigeonnez la pâte d'œuf battu. Enfournez pour 40 minutes, puis laissez refroidir. Servez éventuellement avec de la moutarde.

• Par portion (pour 8 personnes) : 564 Calories – Protéines : 26 g – Glucides : 33 g – Lipides : 37 g (dont 16 g de graisses saturées) – Fibres : 1 g – Sel : 2,66 g – Sucres ajoutés : 4 g.

Le gaspacho se déguste froid.
Servez-le dans des verrines pour une entrée raffinée.

Gaspacho

Pour 8 personnes
Préparation : 25 min
Réfrigération : 2 heures à 2 jours

- 1 poivron rouge
- 1 oignon rouge
- 2 gousses d'ail
- 4 tomates mûres
- 1 tranche de pain blanc
- 500 g de sauce tomate
- 30 cl de bouillon de légumes
- 5 cuill. à soupe d'huile d'olive
- 4 cuill. à soupe de vinaigre de vin
- 1 cuill. à café de Tabasco ou de harissa
- 1 cuill. à café de sucre en poudre
- sel et poivre du moulin

POUR SERVIR

- 1 filet d'huile d'olive
- quelques feuilles de basilic

1 Épépinez le poivron, puis pelez l'oignon et l'ail. Hachez le tout avec les tomates. Retirez la croûte du pain, puis découpez la mie en petits morceaux. Réunissez ces ingrédients dans le bol d'un robot. Mixez finement et versez la préparation dans un saladier. Ajoutez le reste des ingrédients, puis mélangez bien. Couvrez d'un film alimentaire ou d'une feuille d'aluminium et réservez de 2 heures à 2 jours au réfrigérateur.

2 Au moment de servir, répartissez le gaspacho dans huit petits bols ou verres. Arrosez d'un filet d'huile d'olive, puis ajoutez une feuille de basilic et servez.

• Par portion : 134 Calories – Protéines : 2 g – Glucides : 11 g – Lipides : 10 g (dont 1 g de graisses saturées) – Fibres : 1 g – Sel : 0,48 g – Sucres ajoutés : 6 g.

Fine et délicate, la chair du crabe est un vrai délice.

Terrine de crabe

Pour 6 personnes
Préparation et cuisson : 30 min
Réfrigération : au moins 1 h

- 300 g de chair de crabe, fraîche ou surgelée et décongelée
- 1 piment rouge
- 175 g de beurre
- 1 citron
- 1/2 cuill. à café de noix de muscade
- 1 feuille de laurier
- sel

POUR SERVIR

- pain rustique (type pain au levain)
- 18 à 20 grosses crevettes cuites (facultatif)
- 1 botte de radis (facultatif)

1 Mettez la chair de crabe dans un saladier et vérifiez qu'elle ne contient pas de morceau de coquille. Épépinez le piment, puis hachez-le. Faites fondre 100 g de beurre et pressez le citron. Incorporez la moitié du piment au beurre fondu avec le jus de citron, la noix de muscade et du sel. Intégrez le mélange à la chair de crabe, puis transférez la préparation dans un bocal en la tassant légèrement.

2 Faites fondre le reste du beurre dans une casserole jusqu'à ce qu'il soit mousseux. Ôtez du feu, puis retirez la mousse à l'aide d'une petite cuillère et versez le beurre clarifié dans le bocal en laissant le petit lait dans la casserole. Parsemez du reste du piment et ajoutez une feuille de laurier.

3 Réservez de 1 heure à 1 nuit entière au réfrigérateur. Servez avec du pain grillé et, si vous le souhaitez, des crevettes et des radis.

• Par portion : 283 Calories – Protéines : 10 g – Glucides : 1 g – Lipides : 27 g (dont 16 g de graisses saturées) – Pas de fibres – Sel : 0,89 g – Pas de sucres ajoutés.

La pistache met particulièrement en valeur le goût de la volaille et du porc.

Terrine de porc aux pistaches

Pour 10 personnes
Préparation et cuisson : 1 h 40

- 12 à 18 tranches de bacon fumé
- 3 grosses gousses d'ail
- 1 gros œuf
- 25 g de beurre
- 800 g de porc haché
- 50 g de pistaches décortiquées
- 1 cuill. à café de sel
- 3 cuill. à soupe de feuilles de thym
- 25 g de cranberries séchées
- 3 cuill. à soupe de cognac
- 200 g de foies de poulet
- poivre du moulin

1 Préchauffez le four à 160 °C (therm. 5-6). Tapissez un moule à cake de 6 à 12 tranches de bacon en les faisant se chevaucher légèrement.

2 Pelez et émincer l'ail. Battez l'œuf dans un bol. Mettez le beurre à chauffer dans une casserole, puis faites revenir l'ail et laissez refroidir brièvement. Ajoutez l'œuf, le porc, les pistaches, le sel, le thym, les cranberries et le cognac. Poivrez, puis remuez et répartissez la moitié de la préparation dans le moule. Tassez bien. Ajoutez les foies de poulet et le reste de la préparation, puis couvrez des dernières tranches de bacon.

3 Enfournez pour 1 h 15. Jetez presque tout le jus de cuisson, puis couvrez d'une feuille d'aluminium et placez un poids dessus pour tasser la terrine pendant qu'elle refroidit. Dès qu'elle a refroidi, placez-la jusqu'à 3 jours au réfrigérateur. Si vous souhaitez la congeler (jusqu'à 6 semaines), enveloppez-la d'un film alimentaire et d'une feuille d'aluminium.

4 Si vous avez congelé la terrine, laissez-la décongeler 24 heures au réfrigérateur, puis démoulez-la terrine et retirez le cas échéant la feuille d'aluminium et le film alimentaire.

• Par portion : 294 Calories – Protéines : 25 g – Glucides : 3 g – Lipides : 19 g (dont 7 g de graisses saturées) – Pas de fibres – Sel : 1,50 g – Sucres ajoutés : 2 g.

Vous pouvez congeler cette mousse de canard jusqu'à 2 mois.

Mousse de foie de canard

Pour 6 personnes
Préparation et cuisson : 35 à 40 min

- 600 g de foies de canard ou de poulet
- 2 échalotes
- 1 gousse d'ail
- 250 g de beurre
- 1 filet de cognac
- 1 filet de porto
- 1 cuill. à soupe de concentré de tomates
- sel et poivre du moulin

POUR LA COUCHE DE GRAISSE

- 100 g de beurre
- 1 cuill. à soupe de feuilles de thym
- 1 cuill. à café de poivre noir en grains concassé

POUR SERVIR

- toasts
- chutney
- cornichons

1 Retirez les ligaments des foies de volaille et jetez-les. Pelez les échalotes et l'ail, puis émincez-les. Mettez un tiers du beurre à chauffer dans une poêle. Faites frire les échalotes et l'ail 3 ou 4 minutes dans la poêle, puis augmentez le feu. Ajoutez les foies et prolongez la cuisson jusqu'à ce qu'ils soient dorés. Arrosez de cognac et de porto, puis faites bouillonner jusqu'à ce que l'alcool se soit évaporé. Ôtez du feu et laissez refroidir.

2 Assaisonnez les foies de volaille. Mettez-les dans le bol d'un robot avec le concentré de tomates et le reste du beurre, puis mixez jusqu'à l'obtention d'un mélange homogène. Passez la préparation dans une passoire au-dessus d'un saladier. Transférez-la dans un plat de service et réservez au réfrigérateur.

3 Lorsque la mousse est ferme, préparez la couche de graisse. Faites fondre le beurre dans une casserole, puis laissez-le reposer 3 minutes. Versez le beurre jaune du dessus dans un bol et jetez le petit lait. Laissez refroidir un peu, puis incorporez le thym et le poivre. Versez le tout sur la mousse et réservez au frais. Servez avec des toasts chauds, du chutney et des cornichons.

• Par portion : 535 Calories – Protéines : 18 g – Glucides : 2 g – Lipides : 50 g (dont 31 g de graisses saturées) – Pas de fibres – Sel : 1,11 g – Sucres ajoutés : 1 g.

Une délicieuse recette... à tartiner!

Beurre aux champignons

Pour 8 personnes
Préparation et cuisson : 40 à 45 min

- 1 oignon
- 3 gousses d'ail
- 30 g de cèpes séchés
- 250 g de gros champignons de Paris
- 250 g de beurre ramolli
- 2 brins de thym
- 2 cuill. à soupe de cognac
- le jus de 1/2 citron
- 1 petite poignée de persil
- 1 petite poignée d'estragon

POUR SERVIR

- 4 brins de thym
- toasts
- salade verte

1 Pelez l'oignon et l'ail, puis hachez-les. Mettez les cèpes à tremper dans de l'eau, puis égouttez-les. Hachez-les avec les champignons de Paris. Faites fondre 50 g de beurre dans une casserole à feu doux, puis faites frire les oignons jusqu'à ce qu'ils soient translucides. Ajoutez l'ail et le thym dans la casserole. Prolongez la cuisson de 1 minute, puis incorporez les champignons à la préparation et laissez cuire à feu vif de 5 à 8 minutes. Arrosez de cognac et de jus de citron. Laissez cuire 2 ou 3 minutes, jusqu'à ce que tout le liquide se soit évaporé.

2 Pendant ce temps, ciselez le persil et l'estragon. Augmentez le feu, puis incorporez-les à la préparation et laissez refroidir complètement.

3 Retirez le thym de la casserole. Intégrez le reste du beurre à la préparation, puis répartissez-la dans quatre ramequins. Réservez au réfrigérateur jusqu'à ce qu'elle soit ferme. Ce beurre aux champignons peut se conserver 2 jours au réfrigérateur ou 3 mois au congélateur. Laissez-le entièrement décongeler avant de le servir. Placez un brin de thym sur chaque ramequin, puis servez avec du pain grillé et de la salade verte.

• Par portion : 266 Calories – Protéines : 2 g – Glucides : 4 g – Lipides : 26 g (dont 16 g de graisses saturées) – Fibres : 2 g – Sel : 0,39 g – Sucres ajoutés : 1 g.

Si vous n'avez pas de ramequins individuels, vous pouvez préparer la terrine dans un moule à cake tapissé de film alimentaire.

Terrine de jambon au persil

❄ Pour 8 personnes
Préparation et cuisson : 35 min

- 250 g de beurre
- 500 g de jambon cuit
- 1 bouquet de persil frisé
- 1 petite pincée de clous de girofle en poudre
- 1 pincée de graines de moutarde jaune
- 1 cuill. à soupe de vinaigre de cidre
- 1 pincée de gros sel

POUR SERVIR
- toasts
- cornichons
- chutney ou marmelade d'oignons rouges

1 Faites fondre le beurre dans une casserole à feu doux, puis laissez-le reposer pour que les résidus solides se déposent au fond du récipient. Versez lentement la graisse jaune du dessus dans un bol et jetez le petit lait.

2 Détaillez le jambon en fines lamelles. Ciselez le persil, puis mettez-le dans un saladier avec le jambon, les clous de girofle en poudre, les graines de moutarde, le vinaigre, le gros sel et les deux tiers du beurre clarifié. Remuez, puis répartissez la préparation dans huit ramequins et tassez-la avec les doigts. Arrosez les terrines de beurre clarifié, puis réservez au réfrigérateur jusqu'à ce que le beurre soit ferme. Enveloppez chaque ramequin d'un film alimentaire et placez-les, si vous le souhaitez, jusqu'à 3 mois au congélateur.

3 Si elles sont congelées, laissez décongeler les terrines 1 nuit entière au réfrigérateur. Servez-les dans les ramequins ou plongez-les brièvement dans un saladier d'eau chaude, puis démoulez les terrines sur des assiettes. Servez avec des toasts, des cornichons et du chutney ou de la marmelade d'oignons rouges.

• Par portion : 316 Calories – Protéines : 14 g – Glucides : 1 g – Lipides : 29 g (dont 17 g de graisses saturées) – Pas de fibres – Sel : 2,05 g – Sucres ajoutés : 5 g.

Ces petits fromages peuvent aussi être servis avec une salade de pommes.

Fromages de chèvre aux noisettes

❄ Pour 6 personnes
Préparation et cuisson : 55 min

- 1 bûche de fromage de chèvre
- 50 g de noisettes
- 25 g de chapelure
- 2 œufs

POUR LES OIGNONS AU VINAIGRE

- 3 oignons rouges
- 3 cuill. à soupe d'huile d'olive
- 4 cuill. à soupe de vinaigre balsamique
- 4 cuill. à soupe de miel liquide
- sel et poivre du moulin

POUR SERVIR

- endives rouges
- cresson
- roquette

1 Coupez le fromage de chèvre en six tranches. Hachez les noisettes, puis mélangez-les dans un bol avec la chapelure. Battez les œufs dans un autre récipient. Plongez-y les tranches de fromage, puis enrobez-les du mélange de noisettes et de chapelure. Enveloppez chaque tranche d'un film alimentaire, puis placez-les au congélateur si vous le souhaitez.

2 Préparez les oignons au vinaigre. Pelez les oignons, puis émincez-les. Mettez l'huile à chauffer dans une poêle et faites revenir les oignons 10 minutes. Ajoutez le vinaigre et le miel, puis assaisonnez et prolongez la cuisson en remuant jusqu'à ce que l'ensemble soit sirupeux. Laissez refroidir. Si vous le souhaitez, versez la préparation dans un sac de congélation et placez-le au congélateur. Pour servir les oignons, faites-les décongeler, puis réchauffez-les dans une casserole.

3 Préchauffez le four à 180 °C (therm. 6). Couvrez une plaque de cuisson de papier sulfurisé. Posez les tranches de fromage dessus, puis enfournez pour 20 minutes, ou 25 minutes si elles sont congelées. Servez avec les oignons au vinaigre, des feuilles d'endives, de cresson et de roquette.

• Par portion : 366 Calories – Protéines : 14 g – Glucides : 17 g – Lipides : 28 g (dont 11 g de graisses saturées) – Fibres : 1 g – Sel : 1,05 g – Sucres ajoutés : 12 g.

Vous pouvez préparer ce plat un jour à l'avance, le laisser reposer sur une plaque de cuisson et l'enfourner juste avant de servir.

Koulibiac de saumon

Pour 6 personnes
Préparation et cuisson : 2 h 30

- 700 g de filets de saumon fumé coupés en tranches épaisses
- 25 g de beurre
- 5 œufs
- 750 g de pâte feuilletée

POUR LE RIZ
- 1 gros oignon
- 25 g de beurre
- 1 cuill. à café de graines de cumin
- 1 cuill. à café de graines de coriandre
- 4 gousses de cardamome
- 2 anis étoilés
- 200 g de riz basmati
- 1 feuille de laurier
- 1 bâton de cannelle de 4 cm
- 40 cl de bouillon de poisson ou d'eau
- le zeste de 1 citron non traité
- le jus de 1/2 citron
- 1 gros bouquet d'aneth

1 Mettez le beurre à chauffer dans une casserole, puis faites revenir le saumon 2 minutes et réservez-le.

2 Préparez le riz. Pelez et hachez l'oignon. Faites fondre le beurre dans la casserole, puis laissez frire 8 minutes l'oignon avec le cumin, la coriandre, la cardamome et l'anis. Ajoutez le riz, le laurier, la cannelle et le bouillon. Portez à ébullition à couvert, puis baissez le feu et faites mijoter 20 minutes. Incorporez le zeste et le jus de citron, puis laissez refroidir. Hachez l'aneth et intégrez-le.

3 Faites durcir 4 œufs et battez l'œuf restant dans un bol. Étalez la moitié de la pâte feuilletée en un rectangle et posez-le sur une plaque de cuisson. Déposez la moitié du riz au milieu du rectangle, puis retirez l'anis et la cannelle. Répartissez dessus le saumon, puis des tranches d'œufs durs. Couvrez du reste du riz. Badigeonnez les bords de la pâte d'œuf battu, puis étalez le reste de la pâte en un rectangle. Posez-le sur la garniture et pincez les bords des deux rectangles pour les souder. Préchauffez le four à 200 °C (therm. 6-7). Badigeonnez la pâte d'œuf battu, puis incisez-la. Enfournez pour 20 minutes. Réduisez la température du four et prolongez la cuisson de 20 minutes.

• Par portion : 917 Calories – Protéines : 47 g – Glucides : 73 g – Lipides : 51 g (dont 29 g de graisses saturées) – Fibres : 3 g – Sel : 7,63 g – Sucres ajoutés : 3 g.

Ce cassoulet peut être congelé pendant 2 mois avant cuisson et doit être décongelé avant de passer au four.

Cassoulet facile

❄ **Pour 4 à 6 personnes**
Préparation et cuisson : 1 h 30

- 2 oignons
- 4 gousses d'ail
- 2 carottes
- 4 tomates
- 2 cuill. à soupe d'huile d'olive
- 1 bouquet garni composé de persil, de thym et de 1 feuille de laurier
- 800 g de haricots blancs en conserve
- 30 cl de vin blanc
- 20 cl d'eau
- 12 saucisses de Toulouse
- 100 g de chapelure
- sel et poivre du moulin

1 Pelez les oignons, l'ail et les carottes, puis hachez-les avec les tomates. Mettez 1 cuillerée à soupe d'huile à chauffer dans une casserole à feu doux. Faites cuire les oignons avec les carottes, 3 gousses d'ail, les tomates, le bouquet garni, du sel et du poivre pendant 5 minutes. Pendant ce temps, rincez les haricots, puis égouttez-les. Incorporez-les à la préparation avec le vin et l'eau. Portez à ébullition, puis laissez mijoter 2 minutes. Versez le reste de l'huile d'olive dans une poêle et faites dorer les saucisses de tous les côtés.

2 Frottez l'intérieur d'un plat allant au four avec le reste de l'ail, puis versez la moitié de la préparation à base de haricots dans le plat. Ajoutez les saucisses et couvrez de l'autre moitié des haricots. À cette étape de la recette, le plat peut être réservé jusqu'à 2 jours au réfrigérateur ou placé au congélateur.

3 Si le cassoulet est congelé, laissez-le décongeler entièrement au réfrigérateur. Préchauffez le four à 160 °C (therm. 5-6). Couvrez le plat d'une feuille d'aluminium, puis enfournez pour 45 minutes. Retirez la feuille d'aluminium. Parsemez de chapelure, puis prolongez la cuisson de 20 minutes.

• Par portion (pour 4 personnes) : 623 Calories – Protéines : 36 g – Glucides : 31 g – Lipides : 39 g (dont 14 g de graisses saturées) – Fibres : 10 g – Sel : 2,33 g – Sucres ajoutés : 11 g.

Les patates douces ont une délicieuse saveur sucrée.

Crumbles de légumes d'hiver

❄ Pour 6 personnes

Préparation et cuisson : 1 h 10 à 1 h 15

- 450 g de céleri-rave
- 3 carottes
- 2 petites patates douces
- 2 poireaux
- 40 cl de bouillon de légumes
- 20 cl de crème fraîche
- 2 cuill. à soupe de farine
- 1 cuill. à soupe de moutarde à l'ancienne
- 1 cuill. à café de feuilles de thym
- sel et poivre du moulin

POUR LA PÂTE

- 50 g de beurre ramolli
- 50 g de farine
- 50 g d'amandes en poudre
- 50 g de parmesan râpé
- 25 g d'amandes effilées

1 Pelez le céleri-rave, les carottes et les patates douces, puis coupez-les en dés. Émincez les poireaux. Dans une casserole, portez le bouillon à ébullition. Ajoutez les légumes et laissez cuire 10 minutes à couvert. Dans un bol, mélangez la crème fraîche avec la farine et la moutarde, puis versez le tout dans la casserole et remuez jusqu'à ce que la préparation épaississe. Ajoutez le thym et assaisonnez. Ôtez du feu.

2 Préparez la pâte. Dans un saladier, malaxez le beurre avec la farine et les amandes en poudre. Assaisonnez, puis incorporez le parmesan et les amandes effilées à la pâte.

3 Répartissez les légumes en sauce dans six ramequins allant au four et parsemez-les de pâte. Les crumbles peuvent être assemblés un jour à l'avance et réservés au réfrigérateur. Pour les congeler, enveloppez-les d'un film alimentaire, puis d'une feuille d'aluminium.

4 Si les crumbles sont congelés, laissez-les décongeler 1 nuit entière au réfrigérateur. Préchauffez le four à 170 °C (therm. 5-6), puis enfournez et laissez cuire de 30 à 35 minutes.

• Par portion : 433 Calories – Protéines : 10 g – Glucides : 30 g – Lipides : 31 g (dont 15 g de graisses saturées) – Fibres : 8 g – Sel : 0,81 g – Sucres ajoutés : 11 g.

Cette recette est à la fois économique et savoureuse !

Pâté de bœuf en croûte

Pour 8 personnes
Préparation et cuisson : 1 h 30

- 1 kg de bœuf haché
- 100 g de ketchup
- 4 œufs
- 10 cl d'eau
- 3 oignons
- 3 gousses d'ail
- 1 petite poignée de sauge
- 1 poignée de persil
- 25 g de beurre
- 200 g de champignons
- 500 g de pâte feuilletée
- sel et poivre du moulin

1 Préchauffez le four à 180 °C (therm. 6). Dans un saladier, mélangez le bœuf avec le ketchup, 3 œufs, l'eau, du sel et du poivre. Pelez les oignons et l'ail, puis hachez-les avec la sauge et le persil. Incorporez l'ensemble, sauf la moitié de l'ail, à la préparation. Transférez la viande hachée sur une plaque de cuisson et façonnez un boudin d'environ 30 cm de long. Enfournez pour 20 minutes.

2 Mettez le beurre à chauffer dans une poêle. Hachez les champignons, puis faites-les revenir. Ajoutez le reste de l'ail et prolongez la cuisson de 2 minutes, en éliminant le jus de cuisson.

3 Battez l'œuf restant dans un bol avec un peu d'eau. Étalez la pâte feuilletée en un rectangle assez grand pour envelopper le cylindre de viande, puis badigeonnez la pâte d'œuf battu. Répartissez les champignons à l'ail sur le tiers central du rectangle. Posez le boudin de viande dessus, puis fendez la pâte de chaque côté. Croisez les bandes par-dessus la viande pour former un motif.

4 Préchauffez le four à 180 °C (therm. 6). Badigeonnez la pâte d'œuf battu. Transférez le pâté en croûte sur une plaque de cuisson, puis enfournez pour 40 minutes.

• Par portion : 640 Calories – Protéines : 33 g – Glucides : 27 g – Lipides : 45 g (dont 20 g de graisses saturées) – Fibres : 2 g – Sel : 1,42 g – Sucres ajoutés : 7 g.

L'astuce consiste ici à utiliser une viande bon marché pour réduire le coût de la recette sans nuire à sa qualité. Le collier sans os et le collet sont parfaits pour ce type de plat.

Mijoté d'agneau

Pour 6 personnes
Préparation et cuisson : 2 h 15

- 200 g de lard maigre
- 900 g d'agneau à braiser
- 5 carottes
- 6 pommes de terre
- 5 oignons
- 3 oignons nouveaux
- 1 cuill. à soupe d'huile de tournesol
- 3 feuilles de laurier
- 1 petit bouquet de thym
- 100 g d'orge perlé
- 90 cl de bouillon d'agneau
- 1 noix de beurre

1 Coupez le lard en lamelles épaisses et l'agneau, les carottes et les pommes de terre en gros morceaux. Émincez les oignons et les oignons nouveaux.

2 Préchauffer le four à 160 °C (therm. 5-6). Dans une cocotte allant au four, mettez l'huile à chauffer. Faites-y revenir le lard pendant 4 minutes. Ajoutez l'agneau et faites-le sauter pendant 6 minutes, puis réservez-le sur une assiette. Incorporez les oignons, les carottes et les herbes aromatiques. Laissez cuire 5 minutes. Remettez l'agneau dans la cocotte avec l'orge perlé et le bouillon, puis portez à petite ébullition.

3 Ajoutez les pommes de terre. Couvrez et enfournez pour 1 h 30. Badigeonnez les pommes de terre de beurre, parsemez-les d'oignons nouveaux et servez le ragoût à l'aide d'une louche.

• Par portion : 627 Calories – Protéines : 49 g – Glucides : 44 g – Lipides : 30 g (dont 14 g de graisses saturées) – Fibres : 5 g – Sel : 2,13 g – Sucres ajoutés : 11 g.

Vous pouvez préparer ce plat jusqu'à 2 jours à l'avance et ajouter l'ananas juste avant de le réchauffer.

Curry de canard à l'ananas

Pour 6 personnes
Préparation et cuisson : 9h

- 6 cuisses de canard
- 2 cuill. à soupe de sucre roux
- 4 cuill. à soupe de pâte de curry thaï
- 40 cl de lait de coco
- 20 cl d'eau
- 2 cuill. à soupe de sauce nuoc-mâm ou nam-pla (à base de poisson)
- 6 feuilles de citron vert
- 1 petit ananas
- 1 piment rouge (facultatif)
- feuilles de basilic thaï (facultatif)

POUR SERVIR
- riz au jasmin ou basmati

1 Dans une poêle à feu doux, faites revenir les cuisses de canard sans matière grasse de 10 à 15 minutes en les retournant à mi-cuisson. Mettez-les dans la cocotte de la mijoteuse avec le sucre, la pâte de curry, le lait de coco, la sauce nuoc-mâm et les feuilles de citron vert. Laissez mijoter à couvert 8 heures à basse température.

2 Transférez les cuisses de canard dans un plat de service. Si vous le souhaitez, dégraissez la sauce avec une écumoire. Pelez l'ananas, ôtez son cœur et coupez la chair en morceaux. Si vous en utilisez, épépinez le piment, puis émincez-le. Ajoutez les morceaux d'ananas, éventuellement le basilic et la moitié du piment dans la cocotte. Laissez mijoter à couvert quelques minutes, puis versez un peu de sauce nuoc-mâm ou saupoudrez de sucre selon votre goût. Parsemez éventuellement du reste du piment. Servez avec du riz au jasmin ou basmati.

• Par portion : 659 Calories – Protéines : 38 g – Glucides : 20 g – Lipides : 49 g (dont 20 g de graisses saturées) – Fibres : 2 g – Sel : 2,29 g – Sucres ajoutés : 18 g.

Vous pouvez accompagner le poulet de riz basmati cuit avec quelques pistils de safran et d'une salade verte.

Poulet à la tomate et sauce à la noix de coco

❄ Pour 6 personnes
Préparation et cuisson : 40 à 50 min

- 2 oignons
- 1 morceau de gingembre de 2 cm
- 2 gousses d'ail
- 1 piment rouge
- 2 cuill. à soupe d'huile d'olive
- 6 blancs de poulet sans la peau
- 400 g de tomates concassées en conserve
- 20 cl de crème de coco
- sel et poivre du moulin

POUR SERVIR
- 4 cuill. à soupe de coriandre hachée
- quartiers de citron vert

1 Pelez les oignons, le gingembre et l'ail, puis hachez le tout. Coupez le piment en deux. Épépinez-le et hachez-le. Dans le bol d'un robot, mixez tous ces ingrédients jusqu'à l'obtention d'une pâte.

2 Mettez l'huile à chauffer dans une casserole. Laissez dorer les blancs de poulet des deux côtés et réservez-les dans une assiette. Faites frire la pâte 10 minutes dans la casserole sans cesser de remuer. Ajoutez les tomates et assaisonnez. Portez à ébullition, puis remettez le poulet dans la casserole et laissez mijoter 15 minutes à couvert. Arrosez d'un filet d'eau si la sauce devient trop épaisse. Incorporez la crème de coco, puis laissez cuire 5 minutes. À cette étape de la recette, vous pouvez laisser refroidir le poulet et le réserver au réfrigérateur ou le congeler jusqu'à 3 mois.

3 Si la préparation est congelée, laissez-la entièrement décongeler au réfrigérateur. Faites-la réchauffer, puis parsemez-la de coriandre. Servez avec des quartiers de citron vert.

• Par portion : 328 Calories – Protéines : 37 g – Glucides : 8 g – Lipides : 17 g (dont 11 g de graisses saturées) – Fibres : 1 g – Sel : 0,36 g – Sucres ajoutés : 6 g.

Ce plat se conserve 3 mois au congélateur.

Cannellonis au saumon et à l'aubergine

Pour 6 personnes
Préparation et cuisson : 1 h 40 à 1 h 50

- 2 oignons
- 2 cuill. à soupe d'huile d'olive
- 2 aubergines
- 1 l de sauce tomate
- 20 cl de vin blanc sec
- 3 cuill. à soupe de câpres
- 1 cuill. à soupe de sucre en poudre
- 1 cuill. à café de sel
- 3 œufs
- 500 g de mascarpone
- 30 cl de lait
- 145 g de pesto
- 6 filets de saumon sans la peau coupés en deux dans le sens de la longueur
- 12 feuilles de lasagne fraîches
- 800 g d'épinards
- 50 g de parmesan râpé
- poivre du moulin

POUR SERVIR
- quelques feuilles de basilic

1 Pelez et émincez les oignons. Mettez l'huile à chauffer dans une casserole et faites frire les oignons. Coupez les aubergines en dés. Ajoutez-les dans la casserole et laissez cuire 5 minutes. Incorporez la sauce tomate, le vin, les câpres, le sucre, le sel et du poivre, puis laissez cuire 20 minutes à couvert.

2 Battez les œufs dans un saladier. Ajoutez 250 g de mascarpone, le lait et le pesto, puis fouettez le tout. Étalez 1 cuillerée à soupe du reste du mascarpone sur chaque feuille de lasagne. Posez un demi-filet de saumon par-dessus, puis assaisonnez et rabattez les feuilles de pâte sur le poisson.

3 Faites fondre les épinards dans une poêle, puis pressez-les et répartissez-les au fond d'un grand plat allant au four. Posez les cannellonis dessus. Nappez de sauce à la tomate, puis couvrez de mascarpone au pesto. À cette étape, vous pouvez réserver le plat 1 nuit au réfrigérateur ou le congeler.

4 Si les cannellonis sont congelés, faites-les entièrement décongeler. Préchauffez le four à 170 °C (therm. 5-6). Parsemez le plat de parmesan, puis enfournez pour 40 minutes. Parsemez de basilic et servez.

• Par portion : 1 074 Calories – Protéines : 51 g – Glucides : 41 g – Lipides : 78 g (dont 36 g de graisses saturées) – Fibres : 7 g – Sel : 2,79 g – Sucres ajoutés : 23 g.

Ce plat est très facile à préparer à l'avance et à réchauffer.

Bœuf et pommes de terre au raifort

Pour 8 personnes
Préparation et cuisson : 2 h

- 1,5 kg de bœuf à braiser maigre
- 4 cuill. à soupe de farine
- 3 cuill. à soupe d'huile d'olive
- 8 feuilles de laurier
- 70 cl de bière brune forte
- 1 cube de bouillon de bœuf
- 400 g d'échalotes
- 3 carottes
- 400 g de petits champignons de Paris
- 1,25 kg de pommes de terre
- 20 cl de crème fraîche
- 60 cl de lait
- 3 cuill. à soupe de sauce au raifort
- sel et poivre du moulin

1 Coupez le bœuf en dés et farinez-les. Mettez l'huile à chauffer dans une casserole, puis faites dorer les dés de bœuf. Ajoutez 2 feuilles de laurier et la bière. Émiettez le cube de bouillon au-dessus, puis laissez mijoter 1 h 15 à demi-couvert.

2 Pelez et émincez grossièrement les échalotes et les carottes. Ajoutez-les dans la casserole avec les champignons. Assaisonnez et laissez cuire 30 minutes en remuant régulièrement. Transférez dans un plat creux allant au four et laissez refroidir.

3 Pendant ce temps, pelez les pommes de terre. Dans une casserole, mélangez la crème fraîche avec le lait et la sauce au raifort. Portez à ébullition, puis joutez les pommes de terre et les feuilles de laurier restantes. Assaisonnez et faites mijoter 10 minutes à feu doux en remuant régulièrement. Laissez reposer 5 minutes, puis répartissez les pommes de terre sur le bœuf. À cette étape, vous pouvez réserver le plat au réfrigérateur jusqu'à 3 jours ou le placer au congélateur jusqu'à 6 semaines.

4 Si la préparation est congelée, faites-la entièrement décongeler. Préchauffez le four à 170 °C (therm. 5-6). Enfournez pour 40 minutes et servez.

• Par portion : 646 Calories – Protéines : 51 g – Glucides : 45 g – Lipides : 28 g (dont 12 g de graisses saturées) – Fibres : 5 g – Sel : 1,08 g – Sucres ajoutés : 12 g.

Le céleri-rave est particulièrement savoureux en automne.

Tourte au céleri, aux pommes de terre et au bacon

Pour 8 personnes
Préparation et cuisson : 1 h 20

- 2 petits céleris-raves ou 1 gros
- 2 grosses pommes de terre
- quelques feuilles de romarin ciselées
- 15 cl de crème fraîche épaisse
- 1 œuf
- 1 kg de pâte feuilletée
- 150 g de gruyère
- 4 tranches de bacon fumé
- sel et poivre du moulin

1 Préchauffez le four à 180 °C (therm. 6). Pelez le céleri-rave et les pommes de terre, puis tranchez-les. Réunissez-les dans une casserole. Couvrez d'eau salée, puis laissez cuire. Ajoutez les feuilles de romarin et la crème fraîche. Assaisonnez et remuez le tout.

2 Battez l'œuf dans un bol. Étalez la moitié de la pâte en un disque un peu plus grand qu'une assiette. Coupez le gruyère et le bacon en petits morceaux. Étalez une couche de céleri-rave et de pommes de terre sur la pâte en vous arrêtant à 3 cm du bord. Couvrez d'une couche de fromage et de bacon, puis répétez l'opération jusqu'à ce que tous les ingrédients aient été utilisés. Étalez le reste de la pâte en un disque un peu plus grand. Badigeonnez les bords du disque du dessous d'œuf battu, puis posez le disque du dessus sur la garniture. Pincez les bords des disques pour les souder. Faites un trou au centre de la tourte, puis badigeonnez-la du reste d'œuf battu. Tracez des motifs sur la tourte avec la pointe d'un couteau. Enfournez pour 25 minutes, puis laissez reposer 5 minutes et servez.

• Par portion : 690 Calories – Protéines : 16 g – Glucides : 44 g – Lipides : 51 g (dont 26 g de graisses saturées) – Fibres : 7 g – Sel : 2,05 g – Sucres ajoutés : 4 g.

Ce plat se conserve jusqu'à 3 mois au congélateur.

Canard au vin

Pour 6 personnes
Préparation et cuisson : 2h30

- 6 cuisses de canard
- 4 cuill. à soupe de farine
- 1 cuill. à soupe d'huile de tournesol
- 3 carottes
- 1 oignon
- 4 gousses d'ail
- 1 bouteille de vin rouge
- 1 bouquet garni composé de thym et de laurier
- 140 g de lardons fumés
- 200 g de petits champignons de Paris
- sel et poivre du moulin

POUR SERVIR
- haricots verts
- pommes de terre sautées

1 Préchauffez le four à 160 °C (therm. 5-6.). Mettez les cuisses de canard dans un saladier, puis assaisonnez-les. Saupoudrez de farine et remuez pour en enrober la viande. Faites chauffer l'huile dans une cocotte allant au four, puis laissez dorer les cuisses de canard de tous les côtés pendant 10 minutes. Réservez le canard dans une assiette. Pelez et hachez les carottes, l'oignon et l'ail. Ajoutez-les dans la cocotte, puis prolongez la cuisson de 5 minutes.

2 Disposez les cuisses de canard au milieu des légumes. Arrosez de vin rouge, puis ajoutez le bouquet garni et portez à ébullition. Couvrez et enfournez pour 1h30. Si vous souhaitez réserver le plat au réfrigérateur ou le congeler, laissez refroidir, puis transférez le canard dans une boîte et la sauce dans une autre boîte.

3 Si la préparation est congelée, laissez-la entièrement décongeler au réfrigérateur. Faites chauffer une cocotte et saisissez les lardons pendant 5 minutes. Augmentez le feu, puis ajoutez les champignons et laissez cuire 3 ou 4 minutes. Remettez le canard et la sauce dans le plat. Faites mijoter 10 minutes, puis servez avec des haricots verts et des pommes de terre sautées.

• Par portion : 642 Calories – Protéines : 41 g – Glucides : 13 g – Lipides : 44 g (dont 12 g de graisses saturées) – Fibres : 2 g – Sel : 1,33 g – Sucres ajoutés : 5 g.

Vous pouvez congeler ce plat avant cuisson pendant 1 mois, puis le laisser décongeler avant de le passer au four.

Gratin de haddock au safran

Pour 6 personnes
Préparation et cuisson : 1 h 30

- 3 échalotes
- 15 cl de vin blanc
- 15 cl de crème fraîche épaisse
- 800 g d'épinards
- 900 g de filets de haddock sans la peau coupés en morceaux
- 200 g de crevettes crues décortiquées

POUR LA PURÉE AU SAFRAN

- 1 piment rouge
- 1 pincée de pistils de safran
- 3 gousses d'ail
- 20 cl de lait
- 1,25 kg de pommes de terre
- 4 cuill. à soupe d'huile d'olive

1 Pelez les échalotes et hachez-les. Dans une casserole, réunissez le vin blanc et les échalotes, puis faites chauffer jusqu'à ce que le vin soit presque entièrement évaporé. Ajoutez la crème fraîche et portez à ébullition. Laissez mijoter à feu doux jusqu'à ce que la préparation ait réduit des deux tiers.

2 Mettez les épinards dans une passoire. Arrosez-les d'eau bouillante, puis rafraîchissez-les sous l'eau froide et pressez-les. Réservez.

3 Préparez la purée au safran. Coupez le piment, puis épépinez-le et mettez-le dans un saladier avec le safran et l'ail. Écrasez le tout et transférez dans une casserole. Ajoutez le lait, puis portez à ébullition et ôtez du feu. Faites cuire les pommes de terre 15 minutes dans une casserole d'eau bouillante. Égouttez-les et remettez-les dans la casserole, puis versez le lait au safran et l'huile d'olive. Remuez en écrasant les pommes de terre.

4 Préchauffez le four à 180 °C (therm. 6) Incorporez le haddock et les crevettes à la crème aux échalotes. Transférez dans un grand plat allant au four. Répartissez les épinards sur le poisson et couvrez de purée. Enfournez pour 30 minutes.

• Par portion : 683 Calories – Protéines : 51 g – Glucides : 42 g – Lipides : 35 g (dont 15 g de graisses saturées) – Fibres : 6 g – Sel : 1,36 g – Sucres ajoutés : 7 g.

La viande braisée cuit lentement et doucement. Les meilleurs morceaux pour ce type de cuisson sont notamment la macreuse, le jumeau ou le gîte.

Tourte au bœuf et aux champignons

Pour 6 personnes
Préparation et cuisson : 3 h 15

- 1 cuill. à soupe d'huile végétale
- 1 kg de bœuf à braiser coupé en dés
- 2 gros oignons
- 4 grosses carottes
- 4 cuill. à soupe de farine
- 2 cubes de bouillon de bœuf
- 40 cl d'eau bouillante
- 30 cl de bière brune
- 200 g de bacon ou de lardons fumés
- 200 g de gros champignons de Paris coupés en deux
- 750 g de pâte brisée
- 1 jaune d'œuf

1 Mettez l'huile à chauffer dans une cocotte, puis faites dorer la viande et réservez-la. Pelez et hachez les oignons et les carottes. Ajoutez-les dans la cocotte et laissez cuire. Saupoudrez de farine, remuez, et remettez la viande dans la cocotte. Délayez les cubes de bouillon de bœuf dans l'eau bouillante, puis versez le bouillon et la bière sur la viande. Laissez mijoter 2 heures à couvert.

2 Dans une poêle, faites griller le bacon. Ajoutez les champignons, puis laissez cuire. Incorporez ce mélange à la viande. À cette étape, vous pouvez réserver la préparation jusqu'à 2 jours au réfrigérateur ou 3 mois au congélateur.

3 Si la préparation est congelée, laissez-la décongeler. Préchauffez le four à 200 °C (therm. 6-7). Étalez les deux tiers de la pâte en un disque et battez l'œuf dans un bol. Placez le disque dans une tourtière graissée et farinez. Badigeonnez le bord de la pâte d'œuf battu. Répartissez la garniture dans le moule. Étalez le reste de la pâte en un disque un peu plus grand, puis posez-le sur la garniture et pincez les bords des deux disques de pâte pour les souder. Badigeonnez d'œuf battu. Faites un trou au centre de la tourte. Enfournez pour 40 minutes, puis servez.

• Par portion : 1 244 Calories – Protéines : 54 g – Glucides : 105 g – Lipides : 70 g (dont 29 g de graisses saturées) – Fibres : 7 g – Sel : 2,61 g – Sucres ajoutés : 15 g.

Fromage frais italien très crémeux, le mascarpone est utilisé dans beaucoup de dessert, notamment le tiramisu.

Tarte aux cerises et au mascarpone

Pour 8 personnes
Préparation et cuisson : 1 h 30

- 375 g de pâte sablée
- 1 citron non traité
- 500 g de mascarpone
- 140 g de sucre glace
- 700 g de cerises dénoyautées

POUR LA FRANGIPANE
- 100 g de beurre à température ambiante
- 100 g de sucre blond en poudre
- 100 g d'amandes en poudre
- 1 œuf

POUR SERVIR
- sucre glace

1 La veille, farinez le plan de travail. Étalez la pâte sur 3 mm, puis disposez-la dans un moule à tarte à fond amovible de 22 cm de diamètre en laissant la pâte déborder sur les côtés. Réservez au réfrigérateur.

2 Préparez la frangipane : dans le bol d'un robot, réunissez tous les ingrédients, puis mixez le tout.

3 Préchauffez le four à 180 °C (therm. 6). Couvrez la pâte de haricots secs et enfournez pour 20 minutes. Retirez les haricots, puis prolongez la cuisson de 10 minutes. Étalez la frangipane sur le fond de tarte et enfournez de nouveau pour 15 minutes. Recoupez les bords de la pâte le long du moule, puis laissez refroidir complètement.

4 Le jour même, râpez le zeste du citron et pressez le fruit. Dans un saladier, fouettez le mascarpone avec le sucre glace, le zeste et le jus de citron. Étalez la préparation sur la frangipane, puis disposez les cerises dessus et réservez (plusieurs heures si vous le souhaitez) jusqu'au moment de servir. Démoulez la tarte, saupoudrez-la de sucre glace et servez.

• Par portion : 847 Calories – Protéines : 8 g – Glucides : 68 g – Lipides : 62 g (dont 30 g de graisses saturées) – Fibres : 3 g – Sel : 0,44 g – Sucres ajoutés : 50 g.

Vous pouvez aussi utiliser de la crème de caramel au beurre salé vendue dans les épiceries fines.

Gâteau au chocolat et au caramel salé

Pour 8 personnes
Préparation : 1 h30
Réfrigération : 5h

- 175 g de sablés
- 85 g de beurre
- 400 g de caramel liquide
- 60 cl de crème fraîche épaisse
- 1 cuill. à café de sel
- 300 g de chocolat noir à 70 % de cacao
- 25 g de sucre glace
- 2 cuill. à café d'extrait de vanille

POUR SERVIR
- truffes au chocolat ou chocolats au caramel salé

1 Tapissez de papier sulfurisé un moule à gâteau à fond amovible de 20 cm de diamètre en veillant à ce que le papier arrive juste au-dessus du bord du moule. Dans un saladier, écrasez les biscuits. Faites fondre le beurre, puis incorporez-le aux biscuits et tassez le tout au fond du moule. Réservez 10 minutes au réfrigérateur.

2 Dans un bol, mélangez 2 cuillerées à soupe de caramel avec 1 cuillerée à soupe de crème fraîche, et réservez. Réunissez le reste du caramel et le sel dans un saladier, puis remuez. Répartissez dans le moule en vous arrêtant à 1 cm du bord du biscuit.

3 Cassez le chocolat en gros morceaux, puis mettez-les dans un saladier résistant à la chaleur et faites-les fondre au bain-marie. Ôtez du feu et incorporez le reste de la crème fraîche. Tamisez le sucre glace au-dessus du mélange, puis incorporez l'extrait de vanille et laissez refroidir. Versez cette crème dans le moule. Réservez au moins 5 heures au réfrigérateur.

4 Transférez le gâteau sur un plat de service. Parsemez de truffes en chocolat, puis arrosez d'un filet de crème au caramel réservée et servez.

• Par portion : 925 Calories – Protéines : 8 g – Glucides : 74 g – Lipides : 69 g (dont 39 g de graisses saturées) – Fibres : 2 g – Sel : 1,27 g – Sucres ajoutés : 61 g.

Une panna cotta en version tropicale... Succès garanti!

Panna cotta au fruit de la Passion et à la noix de coco

Pour 4 personnes
Préparation et cuisson : 20 min
Repos de la crème : 4 h

- 12 fruits de la Passion mûrs fripés
- 30 cl de crème fraîche épaisse
- 15 cl de crème de coco
- 140 g de sucre en poudre
- le jus de 1/2 citron
- 12 g de gélatine en poudre
- 2 cuill. à soupe de sucre glace

1 Coupez 6 fruits de la Passion en deux. Prélevez la pulpe, puis mettez-la dans une casserole avec la crème fraîche, la crème de coco, le sucre et le jus de citron. Portez à petite ébullition en remuant. Transférez 10 cl de la préparation dans un bol, puis saupoudrez de gélatine et remuez jusqu'à ce qu'elle soit dissoute. Versez le mélange dans la casserole et remuez de nouveau. Ôtez du feu. Filtrez la crème dans une passoire au-dessus d'une carafe, puis répartissez-la dans quatre ramequins. Laissez reposer au moins 4 heures.

2 Pendant ce temps, coupez les fruits de la Passion restants en deux. Prélevez la pulpe et filtrez-la dans une passoire au-dessus d'un saladier. Ajoutez le sucre glace et 1 cuillerée à soupe des graines qui se trouvent dans la passoire, puis remuez. À cette étape de la recette, vous pouvez conserver les panna cotta jusqu'à 2 jours au réfrigérateur.

3 Plongez brièvement les ramequins dans l'eau chaude, puis démoulez les panna cotta sur des assiettes. Versez la sauce autour et servez.

• Par portion : 434 Calories – Protéines : 3 g – Glucides : 46 g – Lipides : 27 g (dont 17 g de graisses saturées) – Fibres : 2 g – Sel : 0,15 g – Sucres ajoutés : 45 g.

Le trifle traditionnel doit être dégusté rapidement tandis que ce dessert glacé peut se préparer jusqu'à 1 mois à l'avance.

Trifle glacé

❄ **Pour 6 à 8 personnes**
Préparation et cuisson : 20 min
Réfrigération : 3 h

- 2 cuill. à soupe d'amandes effilées
- 10 cl de lait concentré
- 30 cl de crème fraîche épaisse
- 1 cuill. à café d'extrait de vanille
- 1 ½ cuill. à soupe de xérès
- 1 feuille de gélatine
- 400 g de framboises
- 3 cuill. à soupe de sucre glace
- 2 cuillerées à soupe d'eau
- 12 boudoirs

1 Tapissez un moule à cake de film alimentaire, puis parsemez-le d'amandes effilées. Répartissez le lait concentré et la crème fraîche à parts égales dans deux saladiers. Versez l'extrait de vanille dans le premier saladier, remuez, puis réservez cette crème au frais. Versez le xérès dans le second récipient et fouettez la préparation jusqu'à ce qu'elle épaississe. Versez-la sur les amandes, puis couvrez le moule et placez-le au congélateur jusqu'à ce que la crème au xérès soit ferme. Fouettez la préparation à la vanille pour obtenir une crème épaisse. Répartissez-la sur la crème au xérès et remettez le moule au congélateur jusqu'à ce que la crème soit ferme.

2 Trempez la gélatine dans de l'eau froide. Dans le bol d'un robot, mixez la moitié des framboises, le sucre glace et l'eau froide, puis filtrez la préparation au-dessus d'une casserole et faites-la chauffer à feu doux. Ôtez du feu. Sortez la gélatine de l'eau et essorez-la puis incorporez-la à la purée de framboise. Écrasez la moitié des fruits restants. Intégrez-les à la purée de fruits avec les framboises entières, puis laissez refroidir. Versez la préparation dans le moule et enfoncez les boudoirs dedans. Réservez le trifle au congélateur jusqu'à ce qu'il soit ferme. Sortez-le 15 minutes avant de servir, puis démoulez-le.

• Par portion (pour 6 personnes) : 397 Calories – Protéines : 5 g – Glucides : 27 g – Lipides : 31 g (dont 16 g de graisses saturées) – Fibres : 2 g – Sel : 0,12 g – Sucres ajoutés : 24 g.

Ne vous inquiétez pas si la pâte se fissure au moment où vous la roulez. Ce gâteau peut se préparer plusieurs heures à l'avance, puis se conserver au frais.

Gâteau roulé aux amandes et aux marrons

Pour 6 personnes
Préparation et cuisson : 1 h
Repos de la pâte : 1 h

- 30 cl de crème fraîche épaisse
- 2 cuill. à soupe d'amaretto (liqueur d'amande italienne)
- 2 cuill. à soupe de sucre glace

POUR LA PÂTE
- 3 œufs
- 140 g de sucre en poudre
- 250 g de crème de marrons non sucrée ou 375 g de marrons cuits

1 Préparez la pâte. Préchauffez le four à 140 °C (therm. 4-5). Beurrez un moule à gâteau roulé de 20 x 30 cm et tapissez-le de papier sulfurisé. Cassez les œufs dans deux saladiers en séparant les blancs des jaunes. Fouettez les jaunes avec le sucre jusqu'à ce que le mélange épaississe, puis incorporez la crème de marrons ou les marrons cuits à la préparation. Battez les blancs d'œufs en neige ferme. Intégrez-les au contenu du premier saladier, puis versez la pâte dans le moule. Enfournez pour 40 minutes.

2 Laissez refroidir 5 minutes, puis couvrez d'un torchon humide et laissez reposer 1 heure. Pendant ce temps, dans un saladier, fouettez la crème fraîche avec la liqueur jusqu'à ce qu'elle épaississe. Coupez un grand rectangle de papier sulfurisé et saupoudrez-le généreusement de sucre glace. Démoulez le biscuit sur le papier, puis étalez la crème fouettée dessus. Roulez le biscuit en serrant, en commençant par le bord le plus étroit et en vous aidant du papier.

• Par portion : 468 Calories – Protéines : 5 g – Glucides : 39 g – Lipides : 32 g (dont 17 g de graisses saturées) – Fibres : 1 g – Sel : 0,31 g – Sucres ajoutés : 31 g.

Ce somptueux gâteau se conserve 1 mois au congélateur.

Gâteau au chocolat et à l'orange

Pour 10 personnes
Préparation et cuisson : 1 h

- 1 orange non traitée
- 5 cuill. à soupe de Grand Marnier
- 30 cl d'eau
- 50 g de sucre en poudre
- 350 g de chocolat noir à l'orange
- 3 œufs
- 85 g de beurre ramolli
- 30 cl de crème fraîche épaisse
- 140 g de biscuits

POUR SERVIR

- 15 cl de crème fraîche épaisse
- chocolat noir râpé

1 Tapissez un moule à cake de film alimentaire. Prélevez l'écorce de l'orange et ôtez les membranes blanches. Pressez le fruit dans un bol et ajoutez la moitié du Grand Marnier. Détaillez l'écorce en bâtonnets, puis mettez-les dans une casserole avec l'eau et portez à ébullition. Laissez bouillir 20 minutes. Ajoutez le sucre et laissez mijoter à découvert jusqu'à ce que les bâtonnets soient poisseux.

2 Faites fondre le chocolat. Cassez les œufs dans deux saladiers en séparant les blancs des jaunes. Incorporez aux jaunes d'œufs le chocolat fondu et le beurre, puis le reste du Grand Marnier. Battez les blancs d'œufs en neige ferme. Dans un bol, fouettez la crème fraîche. Ajoutez les blancs en neige et la crème fouettée au chocolat. Répartissez 5 cuillerées à soupe de cette mousse dans le moule. Plongez les biscuits dans le jus d'orange au Grand Marnier, puis posez-en sur la mousse et parsemez de bâtonnets d'orange. Continuez pour obtenir quatre couches de biscuits, en terminant par la mousse au chocolat. Réservez des bâtonnets. Placez au congélateur.

3 Une heure avant de servir, sortez le gâteau du congélateur et démoulez-le. Fouettez la crème et disposez-la sur le dessus du gâteau. Parsemez du reste des écorces et de chocolat râpé.

• Par portion : 599 Calories – Protéines : 7 g – Glucides : 41 g – Lipides : 45 g (dont 25 g de graisses saturées) – Fibres : 1 g – Sel : 0,32 g – Sucres ajoutés : 33 g.

Pour donner un aspect plus sophistiqué à cette tarte, saupoudrez-la de sucre glace, puis caramélisez-la à l'aide d'un chalumeau de cuisine ou passez-la sous le gril du four.

Tarte au citron

Pour 8 personnes
Préparation et cuisson : 1 h 15 à 1 h 20
Réfrigération : 30 min

- 375 g de pâte sablée

POUR LA GARNITURE
- 5 œufs
- 140 g de sucre en poudre
- 15 cl de crème fraîche épaisse
- 10 cl de jus de citron
- 2 cuill. à soupe de zeste de citron non traité

1 Préparez la garniture. Dans un saladier, fouettez les œufs avec le sucre, la crème fraîche et le jus de citron. Filtrez dans une passoire au-dessus d'un saladier, puis incorporez le zeste de citron à la préparation.

2 Étalez la pâte en un disque de 3 mm d'épaisseur. Disposez-la dans un moule à tarte de 23 cm de diamètre. Appuyez délicatement sur la pâte, puis coupez le surplus. Piquez le fond de tarte à l'aide d'une fourchette et réservez-le 30 minutes au réfrigérateur.

3 Préchauffez le four à 140 °C (therm. 4-5). Tapissez le fond de tarte d'une feuille d'aluminium, couvrez-la de riz ou de haricots secs, puis enfournez pour 10 minutes. Jetez la feuille d'aluminium et le riz ou les haricots. Prolongez la cuisson de 20 minutes, puis versez la garniture dessus. Enfournez de nouveau et laissez cuire de 30 à 35 minutes. Laissez refroidir, puis démoulez la tarte. Cette tarte peut se préparer 1 jour à l'avance et se déguste froide ou à température ambiante.

• Par portion : 770 Calories – Protéines : 13 g – Glucides : 86 g – Lipides : 44 g (dont 24 g de graisses saturées) – Fibres : 2 g – Sel : 0,18 g – Sucres ajoutés : 38 g.

L'onctuosité de la crème associée à l'amertume du café offrira à vos convives un plaisir dont ils se rappelleront.

Crèmes glacées façon cappuccino

Pour 6 personnes
Préparation et cuisson : 20 min
Réfrigération : 12 h

- 200 g de chocolat noir
- 10 cl de café noir
- 4 cuill. à soupe de rhum, de cognac ou d'amaretto (liqueur d'amandes italienne)
- 40 cl de crème fraîche épaisse
- 2 cuill. à soupe de sucre blond en poudre

POUR SERVIR

- cacao en poudre

1 La veille, cassez le chocolat en petits morceaux, puis réunissez-les dans un saladier avec le café et l'alcool. Dans une casserole, portez 25 cl de crème fraîche à ébullition. Versez-la dans le saladier, puis remuez jusqu'à l'obtention d'un mélange homogène. Répartissez la préparation dans 6 tasses à café et réservez-les 1 nuit entière au réfrigérateur. À cette étape de la recette, vous pouvez conserver les tasses 2 jours au réfrigérateur ou 1 mois au congélateur.

2 Si la préparation a été congelée, laissez-la décongeler entièrement au réfrigérateur. Dans un saladier, fouettez le reste de la crème fraîche avec le sucre, jusqu'à ce qu'elle soit ferme. Déposez une cuillerée à soupe de crème fouettée dans chaque tasse. Saupoudrez de cacao en poudre et servez.

• Par portion : 543 Calories – Protéines : 3 g – Glucides : 28 g – Lipides : 45 g (dont 25 g de graisses saturées) – Fibres : 1 g – Sel : 0,04 g – Sucres ajoutés : 27 g.

S'il reste du cheesecake, remettez-le simplement au congélateur et consommez-le dans les deux semaines suivantes.

Cheesecake glacé aux myrtilles et au citron vert

Pour 12 personnes
Préparation : 30 min

- 3 citrons verts non traités
- 50 g de sucre en poudre
- 250 g de myrtilles
- 3 blancs d'œufs
- 140 g de sucre glace
- 250 g de mascarpone
- 1/2 cuill. à café d'extrait de vanille
- 30 cl de crème fraîche épaisse

POUR LA PÂTE
- 250 g d'amaretti (biscuits italiens aux amandes)
- 50 g de beurre

1 Tapissez un moule à gâteau carré de 20 cm de côté de film alimentaire. Râpez le zeste des citrons, puis pressez les fruits. Dans une casserole, faites chauffer à feu doux le jus de citron, le sucre et les myrtilles, jusqu'à ce que celles-ci soient ramollies. Ôtez les myrtilles de la casserole et réservez-les dans un bol. Faites bouillir le sirop, puis versez-le sur les myrtilles. Laissez refroidir.

2 Dans un saladier, battez les blancs d'œufs en neige ferme. Incorporez progressivement le sucre glace. Dans un autre saladier, fouettez le mascarpone avec les zestes et l'extrait de vanille. Fouettez la crème fraîche dans un bol. Incorporez-la au mascarpone, puis intégrez les blancs en neige.

3 Préparez la pâte. Écrasez les amaretti et mettez-les dans un saladier. Faites fondre le beurre, puis incorporez-le aux miettes de biscuit. Répartissez les myrtilles et le sirop au fond du moule. Couvrez du mélange au mascarpone, puis tassez la pâte dessus. Réservez au congélateur. Laissez décongeler 30 minutes au réfrigérateur avant de démouler.

• Par portion : 407 Calories – Protéines : 3 g – Glucides : 37 g – Lipides : 28 g (dont 16 g de graisses saturées) – Fibres : 1 g – Sel : 0,38 g – Sucres ajoutés : 26 g.

Ce dessert est inspiré d'un gâteau traditionnel sophistiqué mais il est très simple et rapide à réaliser.

Forêt noire façon trifle

Pour 8 personnes
Préparation : 30 min

- 100 g de chocolat noir
- 50 cl de crème anglaise glacée
- 400 g de brownies au chocolat
- 780 g de cerises au kirsch
- 30 cl de crème fraîche épaisse
- 20 cl de crème fraîche
- 25 g de sucre glace

POUR SERVIR
- chocolat râpé
- 3 cerises

1 Cassez le chocolat en morceaux, puis mettez-les dans une casserole avec la crème anglaise. Faites chauffer l'ensemble à feu doux en remuant jusqu'à l'obtention d'une crème homogène. Couvrez d'un film alimentaire et laissez refroidir.

2 Tapissez le fond d'une grande coupe ou d'un saladier de brownies. Égouttez les cerises au kirsch en réservant le liquide. Répartissez les cerises sur les brownies, puis arrosez-les de 10 cl de kirsch. Versez la crème au chocolat froide dans la coupe ou le saladier et réservez au réfrigérateur.

3 Dans un saladier, fouettez les deux crèmes fraîches avec le sucre glace jusqu'à ce que l'ensemble forme des becs souples. À cette étape de la recette, la préparation peut se conserver un jour au réfrigérateur.

4 Répartissez la crème fouettée sur la crème au chocolat. Parsemez de copeaux de chocolat et de cerises, puis servez.

• Par portion : 723 Calories – Protéines : 7 g – Glucides : 62 g – Lipides : 52 g (dont 31 g de graisses saturées) – Fibres : 2 g – Sel : 0,34 g – Sucres ajoutés : 55 g.

Pour démouler les crèmes, glissez la pointe d'un couteau le long du bord des ramequins, posez une assiette à l'envers dessus, retournez le tout, secouez, puis retirez le ramequin.

Crèmes caramel

Pour 6 personnes
Préparation et cuisson : 35 à 40 min

- 50 cl de lait
- 3 gros œufs
- 2 jaunes d'œufs
- 100 g de sucre en poudre
- quelques gouttes d'extrait de vanille
- 2 cuill. à soupe de Cointreau ou de Grand Marnier (facultatif)

POUR LE CARAMEL

- 140 g de sucre en poudre
- 3 cuill. à soupe d'eau froide

1 Préchauffez le four à 140 °C (therm. 4-5), puis placez six ramequins dans un plat allant au four. Préparez le caramel. Dans une casserole à feu doux, faites chauffer le sucre et l'eau en remuant jusqu'à ce que le sucre soit dissous. Augmentez le feu et laissez bouillonner sans remuer. Lorsque le liquide devient doré sur les bords, faites pivoter la casserole sans la remuer pour obtenir une couleur homogène. Quand l'ensemble du caramel est doré, arrêtez le feu. Répartissez le caramel dans les ramequins.

2 Dans une autre casserole, portez le lait à frémissement. Fouettez les œufs avec les jaunes d'œufs et le sucre dans un saladier, puis incorporez lentement le lait chaud, sans cesser de fouetter. Filtrez le liquide au-dessus d'une carafe. Ajoutez l'extrait de vanille et, si vous le souhaitez, intégrez la liqueur. Répartissez la préparation dans les ramequins. Versez de l'eau bouillante dans le plat jusqu'à mi-hauteur des ramequins. Enfournez et laissez cuire de 15 à 20 minutes. Laissez refroidir. Réservez les crèmes au réfrigérateur jusqu'à 2 jours, puis démoulez-les.

• Par portion : 267 Calories – Protéines : 8 g – Glucides : 46 g – Lipides : 7 g (dont 2 g de graisses saturées) – Pas de fibres – Sel : 0,21 g – Sucres ajoutés : 46 g.

Ce gâteau est un peu plus mousseux qu'un cheesecake : veillez à ce qu'il soit bien ferme au moment de le couper.

Gâteau aux fraises et au chocolat blanc

Pour 8 à 10 personnes
Préparation et cuisson : 50 min
Réfrigération : 12 h

- 175 g de sablés
- 75 g de beurre
- 400 g de chocolat blanc
- 400 g de fraises
- 300 g de fromage frais à tartiner
- 20 cl de crème fraîche épaisse

1 La veille, réunissez les biscuits sur le plan de travail, puis réduisez-les en miettes à l'aide d'un rouleau à pâtisserie. Transférez-les dans un saladier. Faites fondre le beurre, puis versez-le dans le saladier et mélangez jusqu'à l'obtention d'une pâte. Tapissez un moule à gâteau à fond amovible de 20 cm de diamètre de papier sulfurisé. Répartissez la pâte sur le fond du moule, puis tassez-la. Réservez 30 minutes au réfrigérateur.

2 Faites fondre 375 g de chocolat blanc au bain-marie sur une eau frémissante. Lavez les fraises et réservez les 6 plus belles. Mixez les autres dans le bol d'un robot, jusqu'à l'obtention d'une purée. Transférez-la dans un saladier. Incorporez le fromage et la crème fraîche à l'aide d'un fouet, puis le chocolat fondu. Versez la préparation dans le moule. Réservez 1 nuit entière au réfrigérateur.

3 Le jour même, coupez les 6 fraises réservées, puis placez-les sur le pourtour du gâteau. Faites fondre le reste du chocolat et versez-le en filet sur le gâteau. Réservez au réfrigérateur jusqu'au moment de servir.

• Par portion (pour 8 personnes) : 737 Calories – Protéines : 8 g – Glucides : 47 g – Lipides : 59 g (dont 35 g de graisses saturées) – Fibres : 2 g – Sel : 0,89 g – Sucres ajoutés : 35 g.

Les groseilles à maquereau sont de grosses baies peu sucrées, riches en potassium, en vitamine C et en oligo-éléments.

Crème de groseilles à maquereau et gelée de fleurs de sureau

Pour 6 personnes
Préparation et cuisson : 25 min
Réfrigération : 5 h

- 300 g de groseilles à maquereau vertes
- 100 g de sucre en poudre
- 60 cl de crème fraîche épaisse

POUR LA GELÉE DE FLEURS DE SUREAU

- 2 feuilles de gélatine
- 10 cl de cordial à la fleur de sureau
- 10 cl d'eau froid

1 Équeutez les groseilles à maquereau, puis faites-les chauffer dans une poêle à feu doux avec 25 g de sucre, jusqu'à ce que les baies soient tendres. Dans une casserole, mélangez la crème fraîche avec le reste du sucre. Portez à ébullition et laissez mijoter 3 minutes. Arrêtez le feu, puis incorporez les groseilles à maquereau. Répartissez la crème dans six verres. Réservez au moins 2 heures au réfrigérateur.

2 Préparez la gelée de fleurs de sureau. Dans un saladier, mettez la gélatine à tremper dans de l'eau. Faites chauffer le cordial dans une casserole jusqu'à ce que de la vapeur s'en échappe, puis ôtez du feu. Pressez les feuilles de gélatine pour les essorer et incorporez-les au cordial en remuant jusqu'à ce qu'elles aient complètement fondu. Ajoutez l'eau froide, puis remuez.

3 Répartissez délicatement la gelée de fleurs de sureau sur la crème dans les verres. Réservez au moins 3 heures au réfrigérateur ou jusqu'à ce que la gelée soit prise.

• Par portion : 616 Calories – Protéines : 4 g – Glucides : 31 g – Lipides : 54 g (dont 30 g de graisses saturées) – Fibres : 1 g – Sel : 0,08 g – Sucres ajoutés : 31 g.

Ces fondants au chocolat sont inratables.
Veillez simplement à ne pas les faire cuire trop longtemps.

Fondants au chocolat

Pour 6 personnes
Préparation et cuisson : 35 à 40 min

- un peu de beurre fondu
- cacao en poudre
- 175 g de chocolat noir
- 175 g de beurre
- 200 g de sucre blond en poudre
- 4 œufs
- 85 g de farine

POUR SERVIR

- glace à la vanille

1 Préchauffez le four à 180 °C (therm. 6). Badigeonnez six ramequins de beurre fondu à l'aide d'un pinceau et placez-les au réfrigérateur pour que le beurre durcisse. Graissez de nouveau les ramequins, puis saupoudrez-les de cacao en poudre et réservez.

2 Cassez le chocolat en morceaux et mettez-les dans un saladier résistant à la chaleur avec le beurre. Faites fondre le tout au bain-marie sur une eau frémissante sans cesser de remuer, puis réservez. Dans un autre saladier, fouettez le sucre avec les œufs jusqu'à ce que le mélange blanchisse. Incorporez le chocolat fondu aux œufs battus, puis intégrez la farine à la préparation. Répartissez la pâte dans les ramequins. À cette étape de la recette, les fondants peuvent être réservés 2 jours au réfrigérateur ou 1 mois au congélateur.

3 Placez les ramequins sur une plaque de cuisson, puis enfournez pour 12 minutes, ou 15 minutes s'ils sont congelés. La pâte doit gonfler et former une croûte tout en restant tremblotante. Démoulez les fondants sur des assiettes, puis servez avec une boule de glace.

• Par portion : 635 Calories – Protéines : 9 g – Glucides : 60 g – Lipides : 42 g (dont 23 g de graisses saturées) – Fibres : 2 g – Sel : 0,52 g – Sucres ajoutés : 44 g.

Les différents éléments du gâteau peuvent être assemblés une heure avant de servir. Les meringues se conservent 1 mois au congélateur.

Gâteau à la noix de coco et aux framboises

Pour 8 personnes
Préparation et cuisson : 1 h 30
Repos de la meringue : 1 h

- 5 blancs d'œufs
- 300 g de sucre en poudre
- 2 cuill. à café de fécule de maïs
- 2 cuill. à café de vinaigre de vin blanc
- 85 g de noix de coco râpée
- quelques lamelles de noix de coco
- 2 citrons verts non traités
- 30 cl de crème fraîche épaisse
- 50 g de sucre glace
- 200 g de framboises

1 Préchauffez le four à 120 °C (therm. 4). Tapissez deux plaques de cuisson de papier sulfurisé, puis tracez trois rectangles de 25 x 10 cm sur le papier. Dans un saladier, montez les blancs d'œufs en neige. Ajoutez peu à peu le sucre et continuez à battre jusqu'à l'obtention d'une neige ferme. Incorporez la fécule de maïs, le vinaigre et la noix de coco râpée, puis étalez la préparation sur les rectangles de papier sulfurisé à l'aide d'une spatule. Parsemez l'un des rectangles de lamelles de noix de coco. Enfournez les trois rectangles pour 1 heure, puis arrêtez le four et laissez-les refroidir 1 heure à l'intérieur. Laissez-les refroidir complètement à l'extérieur.

2 Râpez le zeste des citrons verts et pressez les fruits. Dans un saladier, fouettez la crème fraîche avec le sucre glace, le zeste et le jus de citron. Étalez la moitié de la crème fouettée sur un rectangle de meringue, puis parsemez-la de la moitié des framboises. Posez un second rectangle de meringue sur les fruits. Couvrez du reste de la crème fouettée et des framboises. Ajoutez la meringue parsemée de noix de coco, puis servez.

• Par portion : 434 Calories – Protéines : 3 g – Glucides : 46 g – Lipides : 27 g (dont 17 g de graisses saturées) – Fibres : 2 g – Sel : 0,15 g – Sucres ajoutés : 45 g.

Préparez vous-même le quatre-quarts en utilisant le même poids d'œufs, de farine, de beurre et de sucre. Ajoutez une 1/2 cuillerée à café de levure. Mélangez bien le tout et laissez cuire 45 min à 180 °C (therm 6).

Sundaes au quatre-quarts et aux abricots

Pour 4 personnes
Préparation : 15 min
Réfrigération : 10 min à 24 h

- 1 quatre-quarts
- 820 g d'abricots en conserve
- 8 cuill. à soupe d'amaretto (liqueur d'amandes italienne)
- 50 cl de crème anglaise
- 30 cl de crème fraîche épaisse

POUR SERVIR

- 2 cuill. à soupe d'amandes effilées et grillées

1 Coupez le quatre-quarts en dés, puis répartissez-les au fond de quatre coupes en verre. Égouttez les abricots en réservant le sirop. Dans un bol, mélangez la moitié de la liqueur avec 6 cuillerées à soupe de sirop, puis versez le tout sur les dés de quatre-quarts. Hachez les abricots et répartissez-les dans les coupes. Nappez-les de crème anglaise, puis couvrez et réservez au réfrigérateur jusqu'au moment de servir.

2 Dans un saladier, mélangez le reste de la liqueur et la crème fraîche à l'aide d'un fouet. Continuez de battre jusqu'à ce que la préparation épaississe, puis répartissez cette crème fouettée dans les coupes. Parsemez d'amandes effilées et servez.

• Par portion : 1 017 Calories – Protéines : 10 g – Glucides : 99 g – Lipides : 62 g (dont 34 g de graisses saturées) – Fibres : 3 g – Sel : 0,97 g – Sucres ajoutés : 77 g.

Les biscuits au lait malté sont des produits anglo-saxons traditionnels que vous pouvez remplacer par des biscuits aux flocons d'avoine ou par des palets bretons.

Cheesecake aux deux chocolats

Pour 10 personnes
Préparation et cuisson : 45 min
Réfrigération : 5 h

- 100 g de beurre salé
- 200 g de biscuits au lait malté (dans les épiceries anglo-saxonnes)
- 5 cuill. à soupe de sucre en poudre
- 600 g de fromage frais à tartiner
- 30 cl de crème fraîche épaisse
- 300 g de chocolat blanc
- 200 g de chocolat au lait
- 2 cuill. à soupe de lait malté (type Ovomaltine)
- 40 g de petits œufs au chocolat blanc (type Maltesers)

1 Tapissez le fond et les bords d'un moule rond à fond amovible de 20 cm de diamètre de papier sulfurisé. Faites fondre le beurre au four à micro-ondes. Écrasez les biscuits, puis mélangez-les dans un saladier avec le beurre fondu et 2 cuillerées à soupe de sucre, jusqu'à l'obtention d'une pâte. Répartissez-la sur le fond du moule en la tassant, puis réservez au réfrigérateur.

2 Faites fondre dans deux casseroles au bain-marie le chocolat blanc et le chocolat au lait. Répartissez le fromage et la crème fraîche à parts égales dans deux saladiers. Ajoutez le chocolat blanc dans le premier saladier et le chocolat au lait, la poudre de malt et le reste du sucre dans le second. Fouettez chaque préparation avec un batteur électrique.

3 Étalez la crème au chocolat au lait dans le moule. Ajoutez la crème au chocolat blanc et lissez la surface. Parsemez d'œufs au chocolat blanc et réservez au moins 5 heures au réfrigérateur. Ce gâteau peut se préparer 2 jours à l'avance.

• Par portion : 782 Calories – Protéines : 9 g – Glucides : 53 g – Lipides : 60 g (dont 33 g de graisses saturées) – Fibres : 1 g – Sel : 1,01 g – Sucres ajoutés : 46 g.

Index

Crédits photographiques

L'éditeur remercie les personnes suivantes pour l'avoir autorisé à reproduire leurs photographies. En dépit de tous ses efforts pour lister les copyrights, l'éditeur présente par avance ses excuses pour d'éventuels oublis ou erreurs, et s'engage à en faire la correction dès la première réimpression du présent ouvrage.

Marie-Louise Avery p. 117 ; Carolyn Barber p. 33, p. 103, p. 127 ; Peter Cassidy p. 55, p. 119, p. 131, p. 161, p. 171, p. 187, p. 191 ; Jean Cazals p. 143, p. 169 ; Will Heap p. 21, p. 37, p. 65, p. 67, p. 81, p. 93 ; Sian Irvine p. 69 ; Gareth Morgans p. 39, p. 85, p. 111, p. 159 ; David Munns p. 19, p. 25, p. 31, p. 43, p. 47, p. 59, p. 75, p. 77, p. 83, p. 91, p. 95, p. 101, p. 115, p. 129, p. 135, p. 145, p. 165, p. 175, p. 189, p. 193, p. 205 ; Myles New p. 17, p. 23, p. 27, p. 79, p. 97, p. 105, p. 107, p. 109, p. 137, p. 139, p. 141, p. 147, p. 149, p. 179, p. 181, p. 185, p. 195, p. 197, p. 199, p. 201, p. 203 ; Stuart Ovenden p. 11 ; Lis Parsons p. 29, p. 57, p. 71, p. 73, p. 121, p. 151, p. 157, p. 167, p. 177 ; Charlie Richards p. 49, p. 51, p. 53, p. 209 ; Maja Smend p. 13, p. 99 ; Brett Stevens p. 125 ; Roger Stowell p. 123, p. 133 ; Yuki Sugiura p. 15, p. 41, p. 63, p. 153 ; Debi Treloar p. 113, p. 173 ; Simon Walton p. 35 ; Philip Webb p. 45, p. 61, p. 87, p. 89, p. 155, p. 163, p. 183, p. 207, p. 211

Toutes les recettes de ce livre ont été créées par l'équipe de BBC Good Food magazine.

Imprimé en Espagne par Cayfosa Impresia Iberica
Dépôt légal : janvier 2013 – 310777/01 – 11021085 novembre 2012